Qatar

Kennes
www.kenneseditions.com

Photo de couverture : © iStock (alphaspirit)
Dépôt légal : D/2022/13.105/190
ISBN : 978-2-3807-5811-5 | NUART : 65-8789-4

Imprimé en Europe.

FRÉDÉRIC WASEIGE
PHILIPPE AUCLAIR

LA COUPE DE L'IMMONDE ?

Table des matières

SUPERFICIE DE LA FRANCE :

543 940 km²

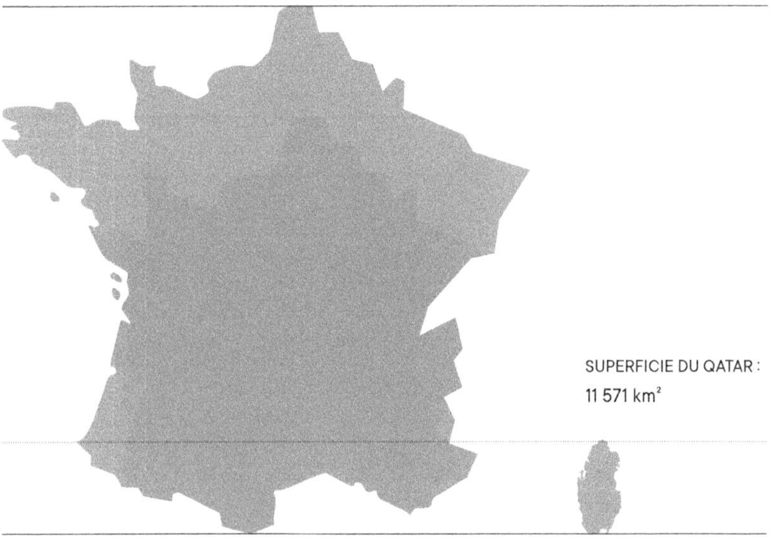

Introduction

Zurich, 2 décembre 2010. Sepp Blatter va révéler le nom des organisateurs de la Coupe du monde 2022. Il monte sur scène avec l'enveloppe qui recèle le secret que le monde s'impatiente de découvrir. Lui sait depuis une demi-heure. Au premier rang, juste devant l'estrade, se trouvent l'émir du Qatar, Cheikh Hamad Al Thani, et la seconde de ses trois épouses, Cheika Moza, envoyée très spéciale de l'UNESCO et présidente de la Qatar Foundation, laquelle deviendra bientôt sponsor du FC Barcelone. Plus unis que jamais, ils vont bondir de leur siège quand Blatter sortira de l'enveloppe le carton révélant le nom : Qatar.

Un Blatter dont le langage corporel et le faciès ne laissent pas planer grand doute. Ce choix n'est pas le sien. Lui, c'est aux États-Unis qu'il aurait volontiers servi le nectar du football mondial. La délégation américaine est dans la salle. Bill Clinton dans sa chambre d'hôtel. À l'annonce du résultat, l'ancien président s'empare d'un cendrier. Il l'envoie briser un miroir qui ne renvoyait que sa furie. Il ne s'y attendait pas. Pas grand monde d'ailleurs. Pour beaucoup, l'impensable s'est produit. Comment un pays dont le dossier était le seul à avoir reçu une alerte rouge de la part du comité d'évaluation de la FIFA peut-il sortir vainqueur d'une enveloppe aux allures de chapeau de magicien ? Un pays dont les étés offrent un climat caniculaire. Un pays sans football, sans footballeurs, sans supporters, sans stades. Ça défie les lois de la raison.

Le Chilien Harold Mayne-Nicholls, qui avait la charge de coordonner l'évaluation des candidats, avait très vite brandi le drapeau rouge. Le Qatar ne propose pas les éléments nécessaires pour organiser l'événement. Il fait trop chaud. Beaucoup trop chaud. La taille minuscule de l'émirat donne des cauchemars aux spécialistes de la sécurité. Son équipe nationale, pourtant bourrée de joueurs naturalisés, pointe à la 113e place du classement mondial de la FIFA. On ne mentionne pas encore, et c'est honteux, le semi-esclavage dans lequel doivent survivre des travailleurs immigrés qui représentent presque 90 % de la population de l'émirat. Pour beaucoup, cela suffisait à les mettre hors-jeu.

Mais au fil des mois, on se rend compte que le Qatar a décidé de mettre des moyens colossaux dans sa campagne, trois à quatre fois supérieurs à ceux de leurs concurrents. De plus, ils se sont dotés d'ambassadeurs tels que Pep Guardiola et Zinédine Zidane. Ce dernier, après avoir rechigné, a signé un contrat digne de ses plus belles années de joueur. Un contrat qui court jusqu'à la fin de la Coupe du monde. Un contrat qui avoisinerait les 22 millions de dollars. Au départ, Zidane n'a rien à voir avec le Qatar, mais l'argent a cette faculté de rapprocher les gens. Et leurs intérêts. Autre ambassadeur, Roger Milla. Lui ne touchera que 50 000 dollars. Cherchez l'erreur. On la trouve certainement dans la diversité des manœuvres utilisées par le Qatar pour obtenir les bonnes grâces du continent africain. Comme financer le grand congrès de la confédération africaine qui se tenait en Angola au début de cette année 2010.

Les millions de dollars de « sponsoring » que les Qataris ont versés aux dirigeants africains permettent d'avoir quelques exigences. La plus osée, mais néanmoins acceptée, fut de ne pas convier à ce même congrès les candidats concurrents du Qatar : Japon, Corée, Australie et États-Unis. Ce qui, en soi, pose déjà un léger problème. Une lanceuse d'alerte nommée Phaedra Almajid jurera ensuite avoir vu les membres africains du Comité exécutif de la FIFA – ils sont alors quatre, un sixième du groupe mafieux qui choisira l'hôte du Mondial de 2022 – se rendre en catimini dans la suite du chef de la délégation qatarie pour y recevoir la promesse d'un million et demi de dollars chacun en échange de leurs voix. Les Qataris nieront, comme tout le reste, en bloc.

En Europe, le 23 novembre 2010, moins de trois semaines avant le vote, Michel Platini, président de l'UEFA, vice-président de la FIFA, s'est rendu à l'Élysée pour un déjeuner avec le président de l'époque Nicolas Sarkozy. Lorsqu'il entre dans la pièce, ce qu'il croyait être un tête-à-tête se révèle un rendez-vous galant tendance gavant. À la table se trouvent le Prince héritier du Qatar, Cheikh Tamim, qui deviendra émir trois ans plus tard, et le tout puissant Premier ministre et ministre des Affaires étrangères de l'émirat Hamad bin Jassim Al Thani. Platoche comprend vite que son président peut aussi jouer les entremetteurs. Le charme opère et celui en qui on voyait encore l'inévitable successeur de Sepp Blatter à la tête de la FIFA a changé d'avis. On le disait convaincu que les États-Unis étaient le meilleur choix, il en ressort avec la conviction que finalement, les Qataris sont très bien aussi. Pas impossible non plus qu'un dîner partagé avec l'émir du Qatar quelque temps avant le *meeting* de l'Élysée ait joué son rôle dans la conversion de Saint-Michel.

À peine sorti du déjeuner, celui-ci travaillera au corps et à la conscience les autres membres des fédérations européennes. Certains seront plus faciles à faire ployer que d'autres. Le Chypriote Marios Lefkaritis, par exemple, qui fait déjà affaire avec l'émirat dans le pétrole et le gaz naturel, et qui, quelques mois après le vote de décembre 2010, vendra un terrain à Chypre au double de sa valeur... au Qatar. Et puis certains sont déjà convaincus. Les Qataris n'ont pas attendu novembre 2010 pour commencer le travail. En tête, on retrouve l'Espagne et le Portugal, candidats à la co-organisation du Mondial de 2018.

On pourrait donc s'échanger les votes. Le président de la fédération espagnole Angel Maria Villar Llona est membre du Comité exécutif de la FIFA, le Qatari Mohammed Bin Hammam aussi. Le premier passera même une petite note au second lors d'une réunion des pas vraiment Sages de la FIFA : *vamos a ganar.* Petites connivences entre amis de circonstance. Ce qui, soit dit en passant, est formellement interdit.

En attendant, les Européens, c'est bon. Les Africains aussi. Côté Asiatique, c'est plus compliqué, car le Japon et la Corée du Sud, tous deux représentés au Comité exécutif, sont eux aussi candidats à l'organisation de la Coupe du monde de 2022. Cela dit, les Qataris peuvent compter sur le président de la confédération puisque celui-ci est… Mohammed Bin Hammam.

On sait également que des flux d'argent ont pris la direction de l'Amérique du Sud. Notamment vers certains comptes argentins, brésiliens et paraguayens. Le FBI l'affirmera noir sur blanc en 2020, dans l'acte d'accusation d'un des procès du « Fifagate » au tribunal de Brooklyn. « Ricardo Teixeira, Nicolas Leoz et le co-conspirateur numéro 1[1] ont reçu des pots-de-vin en échange de leurs votes en faveur du Qatar pour l'accueil de la Coupe du monde de 2022. » Les Qataris le nieront et nient toujours. Le FBI, qui enquête depuis presque dix ans sur le dossier, était donc juste mal renseigné ?

> Several executive committee members were offered or
> received bribes in connection with their votes.
> For example, the defendant RICARDO TEIXEIRA,
> Nicolás Leoz and Co-Conspirator #1 were offered
> and received bribe payments in exchange for their votes in
> favor of Qatar to host the 2022 World Cup.

1 Note des auteurs : l'Argentin Julio Grondona.

> In addition, the defendant JACK WARNER was promised and received bribe payments totaling $5 million and Rafael Salguero was promised a $1 million bribe in exchange for their votes in favor of Russia to host the 2018 World Cup.

Rien n'est laissé au hasard. Deux délégués du comité exécutif de la FIFA, piégés par le *Sunday Times*, ont été filmés en train de proposer leur vote en échange d'argent. L'un d'eux se nomme Reynald Temarii. Il est Tahitien et président de l'OCF, la confédération océanique, ce qui lui donne le rang de vice-président de la FIFA, rien que ça. Lorsqu'il est pris sur le fait, le poids des charges et l'évidence des pièces à conviction sont tels qu'il ne proteste pas lorsqu'il est suspendu par la FIFA. Sauf que les Qataris veillent. Perdre Temarii, c'est perdre une voix qui leur est acquise. Pire : si Temarii ne peut pas participer au vote en personne, sa place sera prise par David Chung de Papouasie-Nouvelle-Guinée qui, lui, soutiendra l'Australie.

Les Qataris, via Bin Hammam, ont l'idée de financer sa défense à hauteur de 305 000 euros. Ses avocats vont en appel, un appel dont tout le monde sait qu'il est futile et perdu d'avance. Pas grave. Le but n'est pas de blanchir Temarii, mais de faire suffisamment traîner les choses pour que Chung n'ait pas le temps de prendre part au vote. La manœuvre est astucieuse, et avérée, puisqu'elle figurera dans le dossier que l'enquêteur américain Michael Garcia remettra à la FIFA quatre ans plus tard.

En résumé, le Qatar a truqué le résultat du vote de la FIFA. Et, d'une manière ou d'une autre, le Qatar a acheté la Coupe du monde 2022. Oublié, le cahier des charges, dans lequel il est écrit noir sur blanc que la Coupe du monde doit se jouer en juin et juillet. Oublié qu'à cette période la température dépasse les 40 °C. Oublié que le football est joué par des êtres humains dont le corps est composé, en moyenne, de 65 % d'eau. En fait, il est impossible d'oublier ce genre d'évidences. Pas grave. Ce cahier des charges sera tout simplement modifié. Ça, le concurrent russe n'y était jamais parvenu. Corrompre oui, changer le règlement non. En fait, lors de cette attribution, la seule candidature qui rassemblait encore quelques valeurs universelles, telle l'écologie, était celle, conjointe, des Pays-Bas et de la Belgique. Deux grains de sable dans ce désert impitoyable. Quand t'as pas de pétrole, t'as des idées ! C'était avant.

Même les Australiens et les Anglais n'ont pu rivaliser. Leurs petits arrangements « Bisounours » ne faisaient pas le poids face à une puissance qui pouvait acheter les matières premières, les usines de productions, les distributeurs, les magasins et bien sûr les vendeurs de ces mêmes « Bisounours ». La corruption a toujours existé. On trichait allègrement lors des Jeux de la Grèce antique. On s'y dopait. Sur tous les continents. Dans tous les domaines. Mais cette Coupe du monde dépasse les bornes. Ceux qui offrent le spectacle ne sont plus que les pions d'un échiquier sombrant dans des sables plus que mouvants. La Coupe du monde de 1978 donnée à la dictature militaire, c'était une honte. Mais l'Argentine est un pays de foot. Là, le foot est roi. Le peuple reçoit un cadeau. Le partage est universel.

L'histoire ne s'arrête pas le 2 décembre 2010 pour autant. Clinton n'est pas le seul à fulminer : Blatter aussi est furieux. Sepp Blatter est tout sauf un saint. La corruption, il connaît, mais la sienne n'est pas à prendre au sens littéral du terme. Dès que ses lèvres ont dû se forcer à prononcer « Qatar », il n'a plus qu'un objectif : empêcher que ce pays devienne le bac à sable de son jouet préféré. Une seule solution pour lui. Prouver qu'il y a eu corruption pour l'attribution. C'est compliqué, car, en même temps, il doit s'occuper de sa réélection à la présidence de la FIFA, qui aura lieu un an plus tard, en 2011. Et qui est son principal concurrent ? Mohamed Bin Hammam, le Qatari, le président de la Confédération asiatique, richissime, qui se montre très généreux avec les potentats locaux du football mondial dont il espère s'assurer les voix. 30 000 dollars par-ci, 50 000 dollars par-là, comme on le découvrira plus tard. Donc Sepp doit s'en débarrasser en prouvant qu'il s'est rendu coupable de corruption.

Il y parviendra. Bin Hammam sera suspendu par la FIFA, deux fois. La première le 29 mai 2011... soit deux jours avant l'élection présidentielle de l'organisation. La route est dégagée pour Blatter, désormais candidat unique à sa succession. Mais son travail n'est pas fini. Reste son Graal : empêcher que la Coupe du monde se joue au Qatar. Lui, son plan, c'était les États-Unis, puis la Russie. Avec un Prix Nobel au bout pour lui, le grand émissaire de la paix dans le monde, le couronnement dont il a toujours rêvé. Il faut donc réveiller la commission d'éthique qui, soit dit en passant, était à l'époque beaucoup plus indépendante qu'aujourd'hui.

La FIFA va chercher du lourd pour mener l'enquête : l'homme de loi américain Michael Garcia, ancien procureur de l'État de New York, ancien d'Interpol. Investigateur vedette sur le terrorisme. Une grosse pointure. Un vrai super flic. Qui n'a aucune affinité avec le foot et qui sera très, très bien rémunéré pour le job. On imagine bien que quand Blatter le recrute, la suggestion n'est pas d'innocenter le Qatar. Il se met au travail en juillet 2012. Six mois plus tard, en janvier 2013, l'hebdo *France Football* lâche sa bombe, le dossier « Qatargate », qui révèle, entre autres, le fameux déjeuner de l'Élysée, et décrypte comment le Qatar a tissé sa toile dans le monde du football pour souffler le Mondial aux Américains. Ce dossier est le résultat de plus d'un an de travail de mon co-auteur Philippe Auclair, auquel *France Football* a adjoint son spécialiste des coulisses du ballon rond Eric Champel pour l'occasion. Pendant deux ans, presque chaque semaine, ce binôme va aligner révélation sur révélation.

On n'avait pas attendu que le diable sorte de sa boîte le 2 décembre 2010 pour voir ses cornes en dépasser. Depuis des mois, le moulin aux rumeurs avait tourné sans relâche dans le microcosme. Untel était à vendre. Un autre était déjà vendu. Quelques jours après le déjeuner de l'Élysée, une certaine personne avait reçu Philippe dans un certain bureau au cœur de Londres pour lui faire le récit des agapes et lui dresser la liste des membres du Comité exécutif qui s'étaient pris d'un amour soudain pour les richesses du Qatar. L'avenir prouverait que cette certaine personne avait tout bon. Mais que faire de telles informations, quand elles ne peuvent être étayées par des documents ? Et la source avait beau être excellente, elle n'en restait pas moins unique – et donc inutilisable en l'état. Il faudrait deux années de labeur pour pouvoir exploiter ce qu'elle avait à dire.

Une critique que Philippe et son complice Eric Champel allaient rencontrer tout au long de leur descente dans les boyaux du Qatargate était qu'ils n'avaient toujours pas trouvé le *smoking gun*, autrement dit l'arme du crime. C'est-à-dire : un récépissé de virement bancaire, une confession, l'enregistrement sonore d'une conversation entre corrompant et corrompu. Mais ce n'est plus ainsi que l'on corrompt au XXIe siècle. Le temps où l'on glissait des enveloppes de papier kraft bourrées de grosses coupures sous la porte d'une chambre d'hôtel (comme cela se fit lors d'une élection à la présidence de la FIFA) est passé. L'argent circule via des tiers et des prête-noms qui cachent leur jeu de vilain derrière des sociétés-écrans, jouant à la marelle de paradis fiscal en paradis fiscal.

Mais si les pièces à conviction sont presque impossibles à réunir, les faisceaux de présomption, eux, sont si robustes qu'ils en deviennent des éléments de preuve. C'est ainsi que procèdent les organisations qui tâchent d'identifier les matchs truqués : en regardant la façon dont bougent les cotes sur les sites de paris sportifs, en additionnant deux et deux qui, tiens, font généralement quatre.

Ce qui vaut pour un journaliste valait aussi pour Michael Garcia. Lui aussi rêvait de trouver le *smoking gun*. Mais si l'odeur de poudre, elle, prenait toujours à la gorge, la fumée s'était dissipée depuis belle lurette. Qui ne tente rien n'ayant jamais rien, Philippe se décida alors à contacter celui qu'Eric et lui appelaient évidemment « le sergent Garcia » via le cabinet d'avocats auquel il était toujours associé. Énorme surprise, immense joie : le superflic répondit presque immédiatement, et c'est ainsi que les journalistes se retrouvèrent dans un restaurant italien plutôt chic de Zurich, tâchant de ne pas prêter attention au prix de l'escalope milanaise, les nerfs à vif, se demandant si le sergent – qui n'avait pas accordé la moindre interview depuis sa prise de fonctions, sept mois plus tôt – n'allait pas leur poser un magnifique lapin. Et puis pile alors que treize heures sonnaient au clocher d'une église voisine, portant beau, le sourire aux lèvres, il arriva. Les reporters de *France Football* tenaient leur scoop. Mais ils ne tenaient pas leur gibier, et Garcia non plus. Trois ans durant, comme lui, ils continuèrent à le traquer, de piste en piste, de coulée en coulée. Cela crevait les yeux : cette Coupe du monde avait été achetée au prix fort. Mais ni l'acheteur ni le vendeur n'avaient laissé traîner de ticket de caisse.

Personne, pourtant, ne doute que le processus d'attribution des Mondiaux de 2018 et 2022 fut corrompu de bout en bout. Les Qataris ont toujours clamé leur innocence : ils ont joué le jeu. Mais où était l'arbitre ? Il n'est qu'à voir ce qu'il advint des mafieux qui entouraient le président Sepp Blatter lors du vote du 2 décembre 2010, dont seule une poignée échappa aux attentions de la loi dans les années qui suivirent.

Et peut-être que la corruption est ce qui doit nous choquer le moins. La FIFA a tourné la page Blatter pour de bon en 2016, et ouvert le chapitre Infantino. Mots d'ordre : intégrité, transparence. Mais ces mots ont une autre définition dans le dictionnaire de la FIFA 2.0, un glossaire qui aurait pu être compilé par le George Orwell de *1984*. C'est la novlangue du foot du XXIe siècle, où une chose signifie presque toujours son contraire, où tout le monde le sait, et tout le monde s'en fiche.

Quand les ONG insistent toutes, chiffres et enquêtes à l'appui, que le coût humain de cette Coupe du monde dépasse l'entendement, Gianni Infantino parle de la « dignité » que le travail sur les chantiers du Mondial confère aux presque-esclaves que des trafiquants d'êtres humains ont fait venir au Qatar d'Inde ou du Népal à coups de fausses promesses. Tout juste verse-t-il sa larmichette sur les trois travailleurs migrants dont les Qataris admettent qu'ils sont bien morts en construisant les stades pharaoniques de 2022. Trois ! Quand tous, nous savons qu'il faut multiplier ce chiffre par au moins plus de mille.

La Coupe du monde de 2022 sera la plus « verte » de toutes, nous promet-on aussi. Ça n'a pas empêché le Qatar d'annoncer le 30 mai 2022 que, vu le manque de logements disponibles dans le minuscule émirat, les supporters pourront – tenez-vous bien – loger dans des pays limitrophes (Oman, Koweït, Émirats arabes unis, Arabie Saoudite, etc.) et faire la navette le jour du match de leur équipe. 168 vols de ce type sont prévus, reliant Mascate, Djeddah, Riyad et Dubaï à Doha – 168 vols supplémentaires *par jour*.

Mais nous ne voulions pas que ce livre devienne un réquisitoire. Aussi, plutôt que d'asséner nos vérités, nous avons voulu aller à la rencontre de celles des autres, afin que ceux qui nous lisent puissent se faire la leur. Nous avons contacté un éventail aussi large que possible de « gens du football ». Joueurs, entraîneurs, journalistes, techniciens, dirigeants, artistes, universitaires, militants, supporters. Nous avions trois questions à leur poser, celles que nous nous posons nous-mêmes. Celles que vous vous posez peut-être, alors qu'une Coupe du monde qui ne ressemble à aucune autre va s'ouvrir dans un pays que le reste du monde ignorait jusqu'à ce que la FIFA en fasse le centre pour un peu plus d'un mois. Pour nous tous qui, malgré tout, continuons d'aimer le football. Les voici :

1. Peut-on justifier qu'on ait donné la Coupe du monde au Qatar ?
2. Pourquoi y aller, pourquoi ne pas y aller ? Pourquoi en parler, pourquoi ne pas en parler ?
3. Quelles sont les leçons que le football et le sport en général peuvent et doivent tirer de la controverse autour de Qatar 2022 ?

Nous tous qui nous posons cette autre question : cet amour en vaut-il vraiment la peine ? À vous de juger.

L'AVIS DE
40 PERSONNALITÉS

Philippe Albert

(BEL)

Ancien footballeur professionnel du Sporting Charleroi, FC Malines, RSC Anderlecht, Newcastle et Fulham, 41 sélections en équipe de Belgique (Coupes du monde de 1990 et 1994), Soulier d'or belge en 1992, consultant Diables Rouges pour la RTBF.

Q1.

Comme la plupart des gens, je trouve ça absurde, mais tout le monde l'accepte. Quand l'argent prend le dessus, il rend le sport vulnérable. Il ne faut plus s'étonner de rien. Je pense évidemment qu'il y a de l'argent qui s'est éparpillé. Et puis il y a ces ambassadeurs qui ont soutenu la candidature. Je pense à Zidane. Quand celui qui a été le meilleur joueur du monde apporte son soutien, comment veux-tu que moi, « petite personne », je puisse changer quelque chose. On ne peut strictement rien y changer.

Q2.

J'ai hésité aussi. Mais tout le monde y va. Donc finalement, pourquoi se priver d'une Coupe du monde ? Même si sur certains aspects, elle n'est pas crédible. Je ne vois pas pourquoi moi je devrais en pâtir. Ça reste la compétition la plus regardée au monde. On a entendu toutes sortes de discours, mais personne ne bougera. Si certaines équipes avaient voulu marquer le coup en boycottant, elles n'auraient de toute façon pas été suivies par les autres.

Il y a différentes attitudes à prendre et j'espère quand même que certaines nations vont prendre position ; sinon, ce serait désespérant. Niveau joueur, il faudrait une sacrée personnalité pour refuser d'y aller. Moi j'ai joué deux Coupes du monde et ce sont deux souvenirs mémorables ancrés en moi à jamais. À partir du moment où la FIFA dit : « on y va », il n'y a pas de raison que les joueurs ne réalisent pas leur rêve de participer à une Coupe du monde. Les joueurs ne doivent pas être pris en otage.

Le rôle des journalistes sera de mettre en évidence ce qui s'est passé avant la compétition et ce qui se passera pendant. Évidemment qu'il faut dénoncer les milliers de morts sur les chantiers ainsi que les lacunes concernant les droits de l'homme et de la femme.

Q3.

À partir du moment où l'argent donne le pouvoir, c'est difficile de changer les choses. Prenons par exemple mon club de cœur, Newcastle, où j'ai joué pendant quatre saisons. Il vient d'être racheté par des investisseurs étrangers. Je sais que les supporters n'ont pas vu ça d'un très bon œil, mais tu peux être sûr que si dans dix ans, le club a été trois fois champion d'Angleterre et a gagné deux FA Cup, ils seront très contents. Ils voient l'exemple de Manchester City qui, à mon époque, était un club de deuxième moitié du classement, et qui, maintenant, est champion quatre fois sur les cinq dernières saisons. Les supporters fêtent cela sans se poser de questions. Ils préfèrent payer 50 euros pour regarder leur équipe proposer du spectacle et gagner des titres plutôt que de payer moins et ne rien voir. Toutes ces dérives finissent par être acceptées parce qu'elles permettent d'acheter les meilleurs joueurs du monde et donc de remporter des trophées.

Pascal Bertho

(BEL)

Président du club de supporters des Diables Rouges : « Les Diaboulets Liégeois ».

Q1.

C'est une supercherie ! Ce n'est un secret pour personne que de nombreux pots-de-vin ont été donnés afin de fausser le vote. Les championnats européens arrêtés en novembre, une préparation écourtée qui ne durera qu'une semaine, des joueurs qui vont devoir jouer une Coupe du monde en plein milieu de leur saison footballistique, un public mondial qui sera quasi inexistant excepté pour les supporters plus nantis, mais je ne doute pas une seconde que les organisateurs qataris vont trouver une solution pour certains matchs en engageant par exemple des figurants pour remplir les stades.

Une culture footballistique peu présente dans ce pays, un niveau footballistique plus que moyen, que ce soit pour leur équipe nationale ou leur championnat, un pays organisateur qui au moment de la désignation n'a jamais été classé aussi bas au *ranking* mondial. Rien ne peut justifier cette Coupe du monde au Qatar, excepté, comme c'est trop souvent le cas aujourd'hui, la vérité du pognon : la facilité financière qu'ont ces richissimes cheikhs de pouvoir tout s'attribuer.

Q2.

Selon moi, il y a trois bonnes raisons de ne pas y aller. Premièrement, le budget. Pour de nombreux supporters et en particulier les Belges, il sera impossible financièrement de se rendre au Qatar. De 3000 à 5000 euros pour assister aux trois premiers matchs de poule, en sortie du Covid et en cette période d'incertitude financière, dans un budget familial : « ça pique ».

Deuxièmement, la fête. Tout au long d'une campagne, nous nous déplaçons à l'étranger pour plusieurs raisons : soutenir notre équipe nationale, rencontrer les supporters adverses, découvrir le stade (nous pensons très souvent aux malheureux supporters étrangers qui se rendent au stade Roi Baudouin), sentir l'ambiance dans le stade et principalement faire la fête ensemble. La fête au Qatar ? Pas de rassemblement, pas d'alcool, tout va être sous contrôle, rien ne correspond à nos attentes.

Et enfin, les droits de l'homme. Entrer dans des stades où des hommes ont été exploités, où des vies ont été sacrifiées, cela ne correspond pas du tout aux valeurs de notre club.

S'il ne devait y avoir qu'une seule raison d'y aller, ce serait la facilité de se rendre dans les stades : il semblerait que les huit stades soient installés sur une superficie équivalente à la Belgique. Cette raison ne peut à elle seule justifier notre présence au Qatar.

Quant au fait d'en parler ou non, au vu de la mondialisation de ce sport, il me paraît difficile, voire impossible, que les médias boycottent cet événement, car pour eux aussi il y a un intérêt financier important. Pour les supporters belges, la Coupe du monde de football reste spéciale, c'est un moment de grande ferveur, de rassemblement national, d'occasion de faire la fête, et ce malgré le fait que ce tournoi se passe au Qatar. Pour nous, Diaboulets, c'est important que nous en parlions, car nous organisons un grand village Coupe du monde à Loncin.

Q3.

Des leçons à tirer ? Oui. Le problème est qu'aujourd'hui beaucoup de personnes influentes dans le milieu du football tirent profit de cette situation. Ces mêmes personnes sont des dirigeants, agents, entraîneurs, footballeurs, ils gagnent des sommes considérables. Vont-ils scier la branche sur laquelle ils sont assis ? Certainement pas ! Il y a une sorte d'hypocrisie qui règne dans ce milieu malsain.

En tant que supporters, devons-nous boycotter le football international au profit de sports plus nobles ? Dans mon chef, la question revient très souvent...

Pascal Boniface

(FRA)

Géopolitologue, fondateur et directeur de l'IRIS (Institut de relations internationales et stratégiques).

Q1.

Ça ne m'a pas choqué parce que c'est normal que le football aille partout. Des spectateurs, il y en aura. Ils viendront de partout. Quand la Coupe du monde est allée aux États-Unis, on s'est dit : « Qu'est-ce que le football va foutre là-bas ? Ce n'est pas un pays de football. » En 2002, en Corée, ce n'était pas non plus un pays de football. En Afrique du Sud idem. Il n'y avait jamais eu de Coupe du monde dans un pays arabo-musulman. C'est vrai que le Maroc aurait été l'idéal. C'est un pays de foot. Mais il n'était pas candidat. J'aurais préféré une candidature commune des pays du Golfe. Ça n'a pas été le cas. Ce qui a créé des jalousies dans la région. De plus, dans les protestations internationales, il y a beaucoup de non-dits.

Je suis membre d'Amnesty International et je travaille avec eux. Il ne faut pas demander le boycott. Il faut se servir de la compétition comme d'un levier pour améliorer la situation des immigrés au Qatar. C'est le sujet central. Je pense que les Qataris ne se rendaient pas compte qu'organiser une telle compétition allait les obliger à faire certaines concessions. Organiser la Coupe du monde pour espérer être populaire et finalement n'être que critiqué ne sert à rien. Donc il fallait changer des choses. Ils ont d'ailleurs supprimé la « kafala »[2]. Au Liban, par exemple, il y a la kafala et le « smic », c'est… 100 euros. Et personne ne parle du sort des travailleurs immigrés au Liban. Je suis allé souvent à Singapour et à Hong Kong, les immigrés ne sont pas à la fête. Le Qatar a fait des efforts, Human Rights Watch continue de râler. C'est leur boulot. Mais on peut dire que la situation des travailleurs au Qatar est meilleure que dans les pays limitrophes.

Ce que certains appellent de la corruption est, en fait, du clientélisme. En 2006 en Allemagne, il y a eu un cas avéré de corruption. Quand c'est l'Allemagne, on est moins sensible à cela. Il y a cette pensée que les Arabes ont de l'argent illégitime parce qu'ils ont du gaz et du pétrole. Les accusations de corruption sont fréquentes lors des attributions de Coupe du monde. Pour le Qatar, il y a des cas de clientélisme avéré, mais pas de *smoking gun* sur la corruption. Je remarque que l'enquête du FBI sur la FIFA est beaucoup moins virulente depuis que les États-Unis ont obtenu la Coupe du monde 2026.

Q2.

Vous connaissez une équipe qui ne va pas y aller ? Même les Norvégiens, qui étaient les plus virulents, y seraient allés, mais le terrain en a décidé autrement. L'Italie aurait bien aimé aussi. Les pays qui regrettent de ne pas y être sont plus nombreux que ceux qui ont, soi-disant, des envies de boycott. Et par ailleurs, une chose m'agace. Pourquoi serait-ce uniquement dans le sport qu'il faudrait boycotter ? S'il se passe des choses inadmissibles au Qatar, il faut arrêter de leur vendre des Airbus, arrêter de leur acheter du gaz et, pourquoi pas, retirer notre ambassade. Tous

---

2 Nda : La kafala désigne le parrainage préalable à l'embauche des travailleurs étrangers dans les pays du golfe Persique. Elle a en effet été supprimée dans les textes de loi, mais, selon les organisations de défense des droits humains, demeure en vigueur dans la pratique, dans la mesure où l'implémentation des réformes du droit du travail qatari est toujours des plus timides.

ces intellos qui demandent le boycott, demandent-ils que leurs livres ou leurs films ne soient plus exportés là-bas ? C'est toujours le sport qui doit prendre position. C'est le reflet du mépris d'une certaine élite pour le sport. Pour eux, comme le sport ce n'est pas grave, on peut boycotter. Par contre, pour l'économie, la culture, il ne faudrait pas. Les journalistes doivent parler. Ils doivent faire leur métier. Si des choses ne vont pas, s'il y a des événements inadmissibles, ils doivent le dire. Leur métier, c'est d'informer sur le pays où ils vont.

Q3.

Les choses ne changeront jamais. Il y aura toujours des jalousies. Vous allez voir que des pays vont dire : « Pourquoi a-t-on donné les Jeux olympiques à la France alors que c'est un pays islamophobe ? » On peut toujours trouver quelque chose qui ne va pas dans un pays. Nous, en France, on parle toujours des poteaux carrés lors de la finale de la Coupe des Clubs Champions de 1976[3]. Il n'y aura jamais d'attribution incontestable.

Ce qui en gêne certains, c'est que les compétitions ne soient plus exclusivement occidentales. Mais le sport s'est globalisé. Je ne crois pas trop au *sportwashing*[4]. Parce qu'on parlera toujours de ce qui va bien et de ce qui ne va pas. Lors de la Coupe du monde de 1978 en Argentine, les « Montoneros »[5] demandaient que l'on vienne dans leur pays pour parler de la dictature. D'ailleurs, on

---

3 Nda : Finale opposant Saint-Étienne et le Bayern Munich. Les Allemands l'emportent 1-0. Les Stéphanois Dominique Bathenay et Jacques Santini voient leurs tentatives renvoyées par la barre transversale qui, à l'époque, était encore carrée. Le destin de cette finale aurait pu être tout autre... Ce match est connu sous le nom « La finale des poteaux carrés ».

4 Le *sportwashing* peut être traduit par « blanchiment par le sport ». C'est un procédé par lequel une entreprise (via le *sponsoring*), un pays ou d'autres entités utilisent un événement sportif, une équipe sportive, ou le sport de façon générale, comme moyen d'amélioration de leur image et de leur réputation.

5 Organisation politico-militaire péroniste. L'objectif était la déstabilisation du gouvernement autoproclamé.

n'a jamais autant parlé de la dictature que pendant cette Coupe du monde. Donc le foot est aussi un moyen d'attirer l'attention sur les travers d'un régime.

Jamie Carragher

(UK)

Ancien défenseur de Liverpool (1996-2013) et de la sélection anglaise (38 capes entre 1999 et 2010), vainqueur de la FA Cup (2001, 2006), de la Coupe de la Ligue (2001, 2003, 2012) et de la Ligue des Champions (2005), aujourd'hui consultant et analyste pour Sky Sports et le quotidien britannique *The Daily Telegraph*.

Q1.

Il n'y a pas de justification de la tenue du Mondial au Qatar qui tienne. Il est clair qu'il s'est passé des choses étranges en coulisses et au sein de la FIFA en ce qui concerne l'attribution du tournoi. Le simple fait qu'il ait fallu bouleverser le calendrier du football mondial tout entier pour que le tournoi puisse avoir lieu est tout simplement incroyable. J'avoue avoir encore du mal à croire que ceci ait pu arriver. Je n'arrive pas à croire qu'on ait pu accepter d'avoir une Coupe du monde en plein milieu de la saison, ce que nous n'avions jamais eu auparavant, et qui n'a aucun sens – si ce n'est d'accommoder le pays organisateur –, alors que le Mondial de 2022 devait se jouer en juin et juillet à l'origine, comme d'habitude. On a accepté ce changement, Dieu sait comment. Pourquoi ? Parce qu'après avoir donné le Mondial au Qatar, on s'est souvenu que les températures estivales étaient si hautes qu'il était impossible de jouer au football dans ces conditions. Et, du coup, toutes les ligues, dans le monde entier, ont été obligées de revoir leurs calendriers de A à Z, ce qui est insensé. Comment a-t-on pu permettre cela ? Le processus tout entier – qu'on ait donné le Mondial au Qatar, qu'on en ait ensuite changé les dates pour qu'il puisse avoir lieu là-bas – montre combien la FIFA est corrompue. Il ne fait aucun doute pour moi que cette Coupe du monde qatarie est entachée de corruption.

Q2.

Nous aimons tous le football. C'est la Coupe du monde, un tournoi qui n'est joué que tous les quatre ans – et j'espère bien que cela demeurera le cas à l'avenir ! C'est un moment à part pour nous tous qui aimons le football, que nous soyons joueurs, dans les médias, ou simples supporters. Pour ce qui est des journalistes, je crois que nous devrons y être présents, et la couvrir ; mais je crois aussi que c'est une opportunité de couvrir non seulement ce qui se passe sur le terrain, mais aussi dans le pays lui-même, comment il a obtenu le droit d'organiser ce tournoi, et ce qu'il en est des droits de l'homme là-bas. Nous devrons creuser les problèmes, et ne pas avoir peur d'en parler. Mais le Qatar, comme la Russie avant lui, sera conscient du fait que le monde entier aura les yeux tournés sur lui. Ils voudront monter et montrer un *show*, comme les Russes l'ont fait. Il faudra faire attention à ne pas se laisser berner par ce *show* comme on a pu se laisser berner en Russie. Un boycott est hors de question maintenant ; mais on peut toujours braquer les projecteurs sur ce qui se passe dans le pays, même si on sait que ce tournoi laissera un arrière-goût amer dans la bouche.

Q3.

Le problème est que, quand on désigne le pays organisateur d'une grande compétition, ce choix est fait pour des raisons de politique interne au sein de la FIFA, pour s'assurer les bonnes grâces d'untel ou d'un autre. La corruption vient de là. Bien sûr qu'il faut faire tourner la Coupe du monde, bien sûr qu'elle doit avoir lieu dans différentes parties du monde, bien sûr que la FIFA doit venir en aide aux nations plus modestes, leur permettre de construire de meilleures infrastructures, de développer le football, etc. Tout cela, je le comprends, et je l'approuve. Mais un pays doit aussi être prêt à accueillir la Coupe du monde. Ne croyez pas que je sois amer parce que je suis Anglais et que cette Coupe du monde, on ne nous l'a pas donnée ; mais j'ai beaucoup de mal à comprendre comment il se fait que l'Angleterre n'ait pas été l'hôte d'un Mondial depuis 1966, il y a plus d'un demi-siècle de cela, alors que l'Angleterre dispose probablement de la meilleure infrastructure du monde en termes de stades et de centres d'entraînement. Tout est en place. Mais l'Angleterre attend toujours, alors que les États-Unis auront organisé le tournoi deux fois lorsqu'ils l'accueilleront en 2026. Et cela me suggère qu'il y a quelque chose qui ne tourne pas rond au sein de la FIFA. Le processus doit être plus transparent. Franchement, voir comment la FIFA s'y prend, l'organisation de tutelle du sport le plus populaire du monde... c'est ridicule, vraiment.

Le Qatar, c'est quoi ?

Le Qatar est un État souverain, indépendant de la couronne britannique depuis 1971. Sa superficie est de 11 586 km^2, soit 5000 km^2 de moins que la Région wallonne. Il est entièrement situé sur une péninsule du golfe Persique dont la seule frontière terrestre est avec l'Arabie Saoudite, un pays avec lequel il entretient des relations tendues.

Sa population, qui n'était que de 25 000 habitants en 1950, a explosé après la découverte de gisements pétroliers et gaziers au début des années 1970, et est aujourd'hui de 2,8 millions d'habitants, dont 80 % vivent dans la capitale Doha, et dont neuf sur dix sont des immigrés venus en majorité du sous-continent indien. Ces immigrés ne peuvent en aucun cas acquérir la nationalité qatarie. Les immenses ressources de pétrole et, surtout, de gaz naturel du Qatar en font l'une des nations les plus riches du monde, avec un PIB par habitant de plus de 80 000 euros annuels. Ceci n'empêche pas la société qatarie d'être aussi l'une des plus inégalitaires de la planète : le salaire minimum pour les travailleurs immigrés est en effet de 260 euros par mois.

Le système de la « kafala », par lequel le droit de résider et de travailler des travailleurs immigrés au Qatar est intégralement contrôlé par leur employeur (et que de nombreuses organisations de défense des droits humains ont assimilé à une « forme moderne de l'esclavage »), a été officiellement aboli en août 2020. Dans les faits, cependant, en l'absence d'instruments d'implémentation, il demeure la règle pour la majorité de ces travailleurs.

Politiquement, si le Qatar est, en théorie, une monarchie semi-constitutionnelle, en pratique, il s'agit d'une monarchie absolue, dont le souverain actuel est Cheikh Tamim ben Hamad Al Thani, qui succéda à son père Cheikh

Hamad en 2013. La famille royale Al Thani contrôle quasiment tous les postes à responsabilité du gouvernement et des grandes entreprises de l'émirat. Aucune opposition politique au pouvoir princier n'est tolérée. Les syndicats sont interdits et il est illégal de se mettre en grève.

L'homosexualité masculine est criminalisée au Qatar, et passible d'une peine de trois ans de prison, voire de la peine de mort si le « coupable » est musulman. Il est interdit de promouvoir les droits LGBTQI+.

Le Qatar, dont la fédération, la QFA, ne compte que 7500 licenciés, est venu très tard au football. Son premier club officiel, Al Najah, ne vit le jour qu'en 1950. La QFA rejoignit la FIFA en 1963, et organisa son premier championnat du Qatar en 1972-1973. S'appuyant au début sur de nombreux joueurs naturalisés, la sélection du Qatar, qui occupait la 113ᵉ place du classement mondial de la FIFA lorsque la Coupe du monde de 2022 fut attribuée à l'émirat, était passée à la 53ᵉ lorsque ce livre fut mis sous presse. Un grand trophée figure à son palmarès : la Coupe d'Asie de 2019, un succès acquis avec un groupe de 23 joueurs dont 17 n'avaient pas la nationalité qatarie.

Le 2 décembre 2010, le Qatar devint le premier pays arabe et à majorité musulmane à se voir attribuer la Coupe du monde de la FIFA, recueillant 14 voix contre 8 à son rival américain au quatrième tour de scrutin.

Janice Cayman

(BEL)

Joueuse internationale belge (111 sélections, 40 buts), championne des États-Unis avec Western New York Flash (2016), championne d'Europe 2021-22 avec l'Olympique Lyonnais, Soulier d'or féminin 2018 et 2021.

Q1.

Je pense que tous les pays au monde devraient pouvoir organiser une Coupe du monde. De plus, pour le Qatar, ce sera leur première participation au Mondial, c'est donc vraiment un grand événement pour eux. Il y a évidemment toujours des doutes sur pourquoi la FIFA a choisi le Qatar, et le fait que le tournoi va se dérouler pendant l'hiver va être une première. Tout cela fait que ça va être une Coupe du monde à part.

Q2.

C'est toujours cool de pouvoir aller voir une Coupe du monde, mais je sais que, moi, je n'irai pas là-bas. Parce que je ne suis pas d'accord avec la façon dont ils traitent les femmes au Qatar. Je ne suis jamais allée au Qatar, mais après avoir lu des articles, je me rends compte que les hommes et les femmes ne sont pas traités de la même manière et ça, je ne peux pas le soutenir. On est en 2022 ; les femmes devraient avoir les mêmes droits que les hommes. J'ai lu aussi qu'il y avait beaucoup de problèmes avec les travailleurs. Des morts, des salaires de misère, presque de l'esclavage et des conditions de travail horribles. Ce sont des choses qu'on oublie quand on pense à une Coupe du monde. C'est sûr qu'organiser la Coupe va ramener beaucoup d'argent au Qatar, mais cet argent ne va pas toujours aux bonnes personnes.

Q3.

Pour moi, décider quel pays organisera la Coupe du monde est quelque chose d'essentiel. Tout le monde devrait avoir sa chance, je l'ai déjà dit, mais en même temps, il faut aussi voir quel message humanitaire les pays envoient. Et, pour le Qatar, c'est compliqué vu les droits des femmes, les conditions de travail et le climat, entre autres.

Jean-Pierre Dardenne

(BEL)

Scénariste, producteur et metteur en scène de cinéma,
toujours associé à son frère Luc Dardenne,
deux fois lauréat de la Palme d'or du Festival de Cannes
(*Rosetta*, 1999 ; *L'Enfant*, 2005).

Tout se passera donc comme cela était prévu depuis le 2 décembre 2010. La Coupe du monde aura bien lieu au Qatar où la charia est d'application avec son cortège de peines du Moyen Âge[6]... Les équipes seront bien là, les journalistes du monde entier aussi, les sponsors aussi et les (télé)spectatrices et (télé)spectateurs seront au rendez-vous. Plusieurs milliers de travailleurs migrants sont morts sur les chantiers de construction du Mondial et notamment dans les stades où les matchs vont se dérouler. Il n'y a eu ni enquête, ni indemnisation, ni mesures de prévention.

Malgré ce terrifiant *business as usual* et parce que je pense que nous valons mieux que cela, j'espère qu'au début de chaque match, les joueurs attendront dans le silence une minute avant de faire circuler le ballon en mémoire de chacun de ces travailleurs. J'espère que nous, les supporters, dans les stades, sur les places publiques, dans les bistrots, partout où nous regarderons ces matchs, nous serons nombreux à respecter cette minute de silence. J'espère aussi que cette minute de silence n'aura pas l'indécence de la bonne conscience, mais sera un geste, minime, de résistance au cynisme.

6 Nda : la charia est la base du système légal qatari pour les questions relatives à la famille, la sexualité, les héritages, mais aussi les vols et les homicides.

Luc Dardenne

(BEL)

Scénariste, producteur et metteur en scène de cinéma, toujours associé à son frère Jean-Pierre Dardenne, deux fois lauréat de la Palme d'or du Festival de Cannes (*Rosetta*, 1999 ; *L'Enfant*, 2005).

Q1.

À la question de savoir si l'on peut justifier qu'on ait donné la Coupe du monde au Qatar, il me semble qu'aucune justification ne tient la route, si ce n'est celle de l'aspect financier. Est-elle une justification suffisante ? Je ne pense pas ; car dans la balance pèsent très lourd les arguments contraires, ceux pour ne pas l'organiser dans un pays où notamment les « droits de l'homme » concernant l'égalité des hommes et des femmes, le droit d'asile, la liberté de conscience, le droit à l'orientation sexuelle ne sont pas respectés – l'homosexualité peut être punie de mort[7] –, dans un pays où les responsables de la FIFA pouvaient prévoir que les ouvriers migrants destinés à la construction des stades travailleraient dans des conditions indignes et qu'une partie d'entre eux (déjà plus de 6000 personnes !) allaient mourir dans des accidents de travail, faute de normes de sécurité adéquates. Si au moins la FIFA avait pris la décision d'organiser la Coupe du monde au Qatar, pays dépourvu de stades de football, en décidant

7 La peine de mort figure en effet dans le dispositif pénal qatari pour punir les actes homosexuels, si les « coupables » (uniquement de sexe masculin) sont des musulmans. Il semble cela dit que la peine capitale n'ait jamais été appliquée au Qatar dans ce contexte. Les non-musulmans sont quant à eux passibles d'une forte amende et de trois ans d'emprisonnement.

en même temps de consacrer un budget important à cette question de la sécurité ! Mais non, seul semble avoir compté l'argent. C'est triste et révoltant.

Q2.

La question « Pourquoi y aller ou ne pas y aller ? » ne me semble plus d'actualité dans la mesure où la décision de la FIFA a été prise et qu'il me paraît plus qu'illusoire qu'un groupe de nations comprenant au moins une ou deux grandes nations du foot demande l'annulation ou le report de cette Coupe du monde. C'est avant la décision d'y aller qu'il fallait ne pas se laisser aveugler par l'argent facile et avoir le courage de dire non ou peut-être de dire oui pour 2026 ou 2030 en demandant le respect de certains droits au Qatar, notamment en matière de droits humains et de droits sociaux pour les nationaux et pour les migrants. Maintenant, c'est trop tard. Il nous reste à en parler. J'espère que cette occasion sera saisie par les journalistes pour ne pas courber l'échine devant le pouvoir politique du Qatar et le pouvoir organisateur de la FIFA. Il y a au Qatar des Qataris et des Qataries qui se battent avec les moyens du bord pour le respect des droits fondamentaux. Espérons que nos journalistes sportifs auront un peu plus de courage que nos représentants de la FIFA et qu'ils oseront écouter et répercuter les paroles de ceux et celles qui osent critiquer le pouvoir de leur pays, le Qatar.

Q3.

Quelles leçons tirer pour l'avenir du sport en général ? Il me semble qu'il est devenu impossible de dissocier les valeurs mises en avant par le sport et le respect de ces valeurs par les pays d'accueil des événements sportifs. Il est normal que les intérêts financiers et économiques d'un pays d'accueil et ceux d'une organisation sportive mondiale comme la FIFA ou le Comité International Olympique puissent se rencontrer, mais dans cette rencontre, il faut que l'organisation sportive mondiale qui, par principe, promeut les valeurs d'égalité et de fraternité dans la compétition et s'oppose à toute forme de discrimination assortisse le choix de son pays d'accueil de clauses éthiques dont le non-respect exclurait le pays candidat à l'accueil de l'événement. Non pas une exclusion *de facto*, mais une exclusion négociable qui permettrait de faire évoluer les lois du pays désireux d'accueillir l'événement sportif, ou même de susciter dans ce pays un engagement des autorités politiques concernant un programme lié au respect des droits de l'homme. Puisque la Coupe du monde de 2026 aura lieu aux États-Unis, il serait bien que la FIFA, afin de contribuer à l'évolution des lois de certains États des États-Unis, assortisse cette décision de certaines clauses comme : pas de match dans un stade situé dans un État où est encore pratiquée la peine de mort.

Dominique Delhalle

(BEL)

Président de Sportspress, l'association belge des journalistes sportifs.

Q1.

Pour seule justification, c'est celle de l'argent-roi, qui couronne des envieux et des mégalomanes, catégorie que partagent des dirigeants locaux et ceux du football international, dont l'attrait du pouvoir et de la reconnaissance internationale supporte bien quelques entorses à l'éthique financière, sociale et sportive. Voilà que j'écris déjà le mot « éthique », qui, à force d'être ressassé même par ceux qui n'en pensent pas moins, perd de son crédit. Mais qu'aurait été cette candidature sans quelques wagons de dollars, habilement distribués et promis, qu'aurait été ce projet sans un code de travail aussi flou – en tout cas il y a douze ans au moment de la désignation – que des hiéroglyphes aux yeux d'un minime de l'Union Saint-Gilloise ?

Quels étaient les atouts du Qatar ? Le pays a développé un savoir-faire et a créé quelques infrastructures sportives depuis le milieu des années 1980, avec l'arrivée de quelques entraîneurs étrangers, à commencer par l'ex-décathlonien belge Freddy Herbrand. Successivement depuis une trentaine d'années, le Qatar a organisé des compétitions sportives locales, régionales, continentales, mondiales, en collaborant intelligemment avec des experts étrangers – songeons au cyclisme, par exemple. Conclusion ? Chacun s'y trouvait bien, sur la route, dans les coulisses et dans ses papiers. Organisations réussies ! Mais au bénéfice de qui ? Sur le plan sportif, pour l'essentiel, c'est tout de même à des athlètes naturalisés (du Kenya, notamment) que le Qatar doit quelques résultats internationaux.

Le bénéfice revient par conséquent au régime, soucieux de se tailler une place internationale entre ses barils de pétrole, quitte à injecter un autre liquide dans des sociétés et affaires, dans des portefeuilles étrangers. Ajoutons les luttes régionales. Vous avez ce club-là, chers Émirats ? Je vais gagner la Ligue des champions avec le PSG. Tu organises un Grand Prix de F1, cher Bahreïn ? Je fais venir aussi les motos. Coûte que coûte.

Non, la FIFA n'a pas « donné » la Coupe du monde au Qatar. Elle en a accepté les conditions, en fermant souvent les yeux sur un panorama embué. Des stades sur du sable, du football en plein été sous climatiseurs, des travailleurs esclaves ? Oh, finalement, on jouera en hiver et au fil des chantiers, ces travailleurs jouiront bien de quelques droits, mais toujours celui de se taire, en tout cas. Bienvenue, cette candidature ? Oui, c'est le droit de tout membre de la FIFA. Justifié, ce choix ? Comme les Jeux olympiques, une Coupe du monde demande aujourd'hui de tels investissements locaux, pour rapporter un maximum à la trésorerie des instances sportives, que les candidats sont de plus en plus rares, ou se désistent dans la dernière étape de leur avant-projet. Pour emballer les votants il y a douze ans, le Qatar disposait de l'indispensable force financière et d'influence.

Q2.

Parler, écrire, enquêter, à charge et à décharge, témoignages, documents, vérifications sur tous les sujets. Un pays s'ouvre au monde, en organisant un événement planétaire ? Qui est-il, comment y vit-on ? La curiosité est saine de savoir ce que cache la vitrine. Toutes démarches journalistiques ultérieures à la désignation du Qatar ne furent et ne seront pas vaines, mais se heurteront à la machine en route depuis douze ans : le successeur de la France au titre de champion du monde de football sera connu là-bas. Seule une guerre l'en empêcherait – mais ne parlons pas d'autres malheurs ! Dès lors que la compétition sera lancée, tous ces sujets seront au mieux secondaires, au pire : négligés, oubliés, au profit de quelques préoccupations de base. Combien de points faut-il pour que les « Diables » passent le premier tour, qui sera aligné au match suivant, de quel adversaire allons-nous hériter au(x) tour(s) suivant(s) ? Quelles sont les révélations, les déceptions du premier tour ? Au cœur de la Coupe du monde, personne ne sollicitera le frère ou l'épouse de l'ouvrier philippin écrasé par une grue de chantier il y a cinq ans. Et nous demanderons peut-être un avis « purement sportif » à ceux qui, telle cette ancienne gloire du football français, ont cautionné la candidature du Qatar, petit contrat alors signé entre amis.

Oui, en parler, ici et là-bas, encore et toujours, avec cette faiblesse vis-à-vis du public : ne le lasserions-nous pas ? « On sait tout ça, place au foot maintenant. Tiens, Pierre, tu n'échangerais pas ma vignette Panini De Bruyne contre celle de Kane ? »

Q3.

Tels qu'organisés et pensés aujourd'hui, le football et le sport en général seront animés du même esprit de lucre s'agissant du choix d'une ville ou d'un pays hôte d'une compétition d'une telle dimension sportive, économique et géopolitique. Deux fois la Chine en 14 ans pour les JO d'été (2008) et d'hiver (2022), deux fois la Russie en huit ans (JO d'hiver 2014 et Coupe du monde 2018), à présent le Qatar et les JO à Los Angeles en 2028... Mais qui peut encore se les payer ? Deux pays se sont unis pour organiser l'Euro 2000 (Belgique et Pays-Bas) et 2012 (Pologne et Ukraine). Il en faudra bientôt trois ! Les JO ont limité le nombre de participants et d'épreuves, mais la qualité demandée pour les infrastructures, les transports, le respect de quelques normes environnementales (si, si !) augmente sensiblement les coûts. La Coupe du monde de football ? Toujours plus de pays participants pour « développer le football partout dans le monde et donner sa chance à chacun », ben tiens… Vous n'auriez pas un ballot d'épingles pour dégonfler ces ballons ?

Alors, quelles leçons tirer de cette controverse autour du Qatar ? Que tout se joue dans les mois précédant une désignation. Et que si les candidats exercent un lobby (normal, si les règles anticorruption sont respectées), des pressions peuvent et doivent venir de l'extérieur. De la presse bien sûr, d'ONG, de pouvoirs politiques plus audacieux. Et soyons fous : de fédérations nationales, de joueurs (leur syndicat ?) et surtout d'anciens joueurs et entraîneurs qui ne peuvent plus vivre dans leur petit monde feutré et doré sur tranches. *Workers and climate lives matter!*

James Dorsey

(USA)

Grand reporter deux fois nominé pour le Prix Pulitzer, spécialiste du Moyen-Orient, professeur à l'Université Technologique Nanyang de Singapour, auteur de *Le monde turbulent du football* au Moyen-Orient (2016).

Q1.

La question fondamentale qui sous-tend le débat est : « peut-on attribuer l'organisation de grands événements sportifs à des pays non démocratiques ? » Et, pour rendre leur dû aux Qataris, ils ne sont que les derniers en date d'une longue liste de pays non démocratiques à qui on a fait cette faveur, comme l'Argentine en 1978, et tant d'autres. Nous aimons aussi prendre des positions basées sur des principes, moi le premier ; mais, souvent, ces prises de position ne nous amènent nulle part.

Prenez le cas du Qatar, qui a de multiples problèmes de droits de l'homme, le plus aigu étant celui des travailleurs migrants. Mon point de vue est que, si vous considérez les 12 années qui se sont écoulées depuis que la Coupe du monde a été attribuée au Qatar, on a assisté à des changements substantiels dans ce domaine. Ces changements vont-ils suffisamment loin ? Non. Est-ce que ces changements sont conformes aux normes souhaitées en termes de droits de l'homme ? Non. Mais y a-t-il eu une amélioration significative dans les conditions de vie des travailleurs migrants ? Certainement, et je crois que c'est indéniable.

En ce qui concerne les droits des travailleurs migrants, il y a deux points à considérer. Le premier concerne les droits eux-mêmes et leur cadre légal ; et, dans ce domaine, beaucoup de choses ont changé. Le second concerne la mise en pratique de ces changements, qui a été problématique. La question que nous devons alors nous poser est de savoir si ce retard dans l'application des réformes est dû au fait que les Qataris ne les prennent pas au sérieux, si les autorités qataries sont plus efficaces dans d'autres domaines, ce qui prouverait leur hypocrisie. Or, la réponse est « non ». Les Qataris ont des problèmes de mise en pratique dans tous les domaines, y compris en matière de politique étrangère.

L'un des éléments clés de leur politique étrangère est la médiation. Vous verrez que les Qataris ont joué un rôle de médiateur dans un grand nombre de conflits. Ils savent rassembler les gens autour d'une table. Leur puissance financière les aide à arrondir les angles. Mais ils n'ont pas les instances ou les moyens pour mettre en pratique les consensus auxquels ils ont contribué à parvenir. La plupart des Coupes du monde n'ont mené à aucun changement social. Celle-ci, oui. D'une envergure limitée, certes. Mais ce changement existe, et c'est quelque chose dont nous devons prendre note.

En ce qui concerne les problèmes de corruption autour du processus d'attribution de la Coupe du monde, je crois qu'il faut revenir à un personnage central dans cette histoire, Mohammed Bin Hammam[8], pour nous aider à comprendre le contexte culturel de l'affaire. Culturellement, Bin Hammam venait d'un monde dans lequel on conduisait les affaires d'une façon qui n'était pas conforme aux normes internationales ; et il a ensuite évolué dans un autre monde, celui de la gouvernance du football, dans lequel on conduisait les affaires de la même façon – avec cette différence : au Qatar, et plus généralement dans les

8 Nda : le Qatari Bin Hammam, président de la Confédération asiatique de football de 2002 à 2011, fut membre du Comité exécutif de la FIFA de 1996 à 2011 et fut banni à vie par la Commission d'éthique de la FIFA en 2012 pour corruption et conflit d'intérêt.

pays du Golfe, on n'appliquait pas les mêmes critères théoriques de responsabilité et de transparence qu'à la FIFA, où l'on pouvait punir les transgresseurs quand cela faisait les affaires de l'organisation, comme ce fut le cas pour lui lorsqu'on décida de l'écarter.

Ensuite, il ne fait aucun doute pour moi que les Qataris ont acheté la Coupe du monde ; mais ce n'était pas la première fois qu'un grand événement sportif était acquis de la sorte, et ce ne sera probablement pas la dernière[9]. Les Qataris se sont trouvés au mauvais endroit au mauvais moment, car, grâce au travail de journalistes d'investigation comme Andrew Jennings, la bombe de la corruption des grandes instances sportives avait explosé dans les médias. Et le discours est devenu biaisé, distordu par l'eurocentrisme. Or, ma sympathie pour les Européens est très limitée en la matière. Ils ont eu douze ans pour remettre les choses en ordre. Ils n'ont rien fait. De quoi se plaignent-ils ? Le Qatar est trop petit, le Qatar n'est pas un pays de football... Pour moi, ces arguments sentent le préjugé. Ce sont des arguments de mauvais perdants.

Le fait est que les Qataris ont mis beaucoup, beaucoup plus d'argent dans leur candidature que les autres, et les Qataris ne sont pas des gens qui se baladent en pyjamas avec des serviettes nouées sur la tête : ils font la même analyse des coûts que les autres. Les États-Unis avaient mis 10 millions de dollars dans leur candidature, parce qu'ils pensaient que ça ne valait pas la peine de mettre plus. Les Australiens mirent 40 millions. Les Qataris... 200 millions ? Personne n'a les chiffres exacts. Pour les Qataris, c'était beaucoup plus qu'une affaire de prestige, qu'une façon de se mettre en avant sur la scène internationale, de promouvoir la marque Qatar : c'était d'abord une question de sécurité pour leur nation. C'était une question de défense.

---

9 Nda : l'attribution des Mondiaux de 2006, en Allemagne, et de 2010, en Afrique du Sud, fut aussi entachée de corruption avérée.

C'est un pays de 300 000 habitants[10]. Peu importe le nombre de tanks ou d'avions de chasse dont ils disposent. Ils ne dureraient pas une demi-heure dans une bataille, et ils le savent. Le Cheikh Hamad[11] avait vu ce qui s'était passé au Koweït en 1990, quand l'Irak avait envahi ce pays. C'est le reste du monde qui libéra le Koweït. Hamad ne l'avait pas oublié. La Coupe du monde était d'abord un moyen de protéger son pays, dont les relations avec ses voisins sont très tendues. Le Qatar est unique, de bien des manières, et il faut savoir ôter ses lunettes occidentales pour le comprendre. Considérez sa position politique pendant le « printemps arabe » : cela surprendra, mais le Qatar était en faveur du renversement des dictateurs arabes – pour autant qu'eux-mêmes et que les autres pays du Golfe étaient épargnés, c'est vrai. Et s'ils étaient en faveur de ce renversement, c'était à cause de la façon dont leur nation avait été fondée. Le Qatar est le seul pays wahhabite[12] de la planète en dehors de l'Arabie Saoudite, pris en sandwich entre les Saoudiens et l'Iran. Ils ont vu comment les Saoudiens avaient mis en place un système de partage du pouvoir entre les religieux et la famille royale, et ont dit : « no way, José ». Et c'est pour cela que le Qatar, aujourd'hui, n'a pas de clergé qatari ; et beaucoup des personnes qui y reçoivent une formation religieuse sont des femmes, qui se dirigent ensuite vers l'enseignement.

D'un côté, le Qatar a un régime autoritaire, le Qatar est une dictature ; de l'autre, le Qatar prend soin de ses citoyens, qui disposent de l'un des plus hauts revenus par tête d'habitant du monde. Il est aussi unique sur un autre plan. En Europe, les immigrés représentent, quoi ? 10 % maximum de la population totale d'un pays donné ? Et regardez les fractures sociales dont

---

10 Habitants de nationalité qatarie, auxquels on doit ajouter 2,3 millions d'immigrés.

11 Souverain du Qatar de 1995 à 2013.

12 Le wahhabisme est un mouvement de réforme se réclamant de l'islam sunnite.

souffrent les pays européens en conséquence de cette immigration. Maintenant, imaginez que la population « indigène » du pays ne représente que 12 % de la population totale : vous êtes au Qatar. Si vous allez au boulanger du coin, vous ne demanderez pas votre pain en arabe, mais en hindi, en urdu, en tagalog, en anglais. Et imaginez l'équivalent en Europe : ce serait aussitôt la révolution. Autrement dit, sans vouloir faire des excuses pour les Qataris, je crois qu'il faut comprendre le contexte pour résoudre leurs problèmes, des problèmes qui, pour eux, ont une dimension existentielle.

Q2.

Cette question est fondamentale : comment parler de ce Mondial si on le couvre pour les médias ? Regardez ce que le réseau américain NBC a fait en Chine pendant les Jeux olympiques. Ils avaient acquis les droits de diffusion de l'événement et n'ont pas hésité à s'en servir pleinement pour présenter une vraie critique de la réalité en Chine. Et ce qui valait pour la Chine vaut aussi pour le Qatar. Il n'est pas question de prendre des gants. Mais, plus fondamentalement, le problème est la nature même du journalisme sportif contemporain. Ce journalisme sportif est corrompu. Seul un tout petit groupe de personnes font leur travail de reporters correctement, en enquêtant ou même simplement en contextualisant leur travail. Le reste, non. C'est un énorme problème auquel le journalisme devra faire face à un moment ou à un autre.

Q3.

Le problème de gouvernance du football mondial dépasse largement le cas de la Coupe du monde au Qatar. Je pense que le plus fondamental des problèmes structurels de la gouvernance du sport est le déni de la relation entre la politique et le sport. Pour moi, il s'agit d'une fiction : cette relation, qui est problématique parce qu'elle est incestueuse, existe depuis toujours. Mais pour certains, il est très pratique et très utile de la nier, parce que cela leur donne la liberté de faire toutes sortes de choses. La corruption politique est souvent la cause de la corruption financière, pas l'inverse. Un début de solution pourrait être un système de gouvernance indépendante, comme c'est le cas dans le secteur bancaire, par exemple. On a besoin d'un code, d'une charte qui définisse les règles, réglementations et directives auxquelles tous sont astreints avec, en parallèle, une autorité de tutelle indépendante chargée d'assurer qu'elles soient respectées. Cela signifie aussi que toute personne ayant une relation directe avec un gouvernement doit être exclue de la gestion des instances sportives. Peut-être doit-on songer à une séparation des pouvoirs ? Le problème est que ces changements nécessaires ne viendront pas de la FIFA. Ils ne seront opérés que sous la pression d'autres parties, les supporters, les joueurs, les clubs, les associations. Or, quand je considère l'histoire de la FIFA, ce que je vois, c'est qu'elle a été et demeure un pilier pour les autocrates – certainement au Moyen-Orient, mais aussi ailleurs. La crise qui a secoué la FIFA en 2015, avec les arrestations par le FBI, n'a pas changé cela. Infantino est dans la lignée de son prédécesseur de ce point de vue.

Vincent Duluc

(FRA)

Écrivain et journaliste de football, grand reporter à *L'Équipe*, président de l'Union des journalistes de sport de France (UJSF).

Q1.

On sait bien que les grandes institutions sportives n'ont jamais été très regardantes sur la nature démocratique des pays organisateurs. L'histoire des Jeux olympiques et des Coupes du monde le confirme, si bien que les polémiques entourant le Qatar, qu'il s'agisse des conditions des travailleurs ou des liens reprochés avec certaines organisations terroristes, s'inscrivent dans une liste éternelle. Le mouvement sportif est allé rendre gloire à l'Italie de Mussolini en 1934, à l'Allemagne de Hitler en 1936, à l'Argentine de la dictature du général Videla en 1978, à la Chine liberticide du parti unique à Pékin en 2008, sans oublier sa visite reconnaissante à la Russie de Poutine en 2018. Curieusement, ou non, le boycott est rarement survenu pour des manquements à la démocratie et aux droits de l'homme, en dehors, évidemment, de celui de la plupart des pays africains, en 1976 à Montréal, s'opposant à la présence de la Nouvelle-Zélande qui avait accepté d'envoyer ses rugbymen en tournée en Afrique du Sud, en dépit de l'isolement international qui avait été décidé pour dénoncer l'apartheid. C'est plutôt la guerre froide d'abord, puis la guerre en Afghanistan qui ont provoqué le boycott des Jeux de Moscou en 1980 par les États-Unis et une cinquantaine de pays, et, en retour, le boycott des Jeux olympiques de 1984 à Los Angeles par la majorité du bloc de l'Est.

La désignation du Qatar comme pays hôte de la Coupe du monde 2022 restera un choix catastrophique pour de nombreuses raisons purement sportives : il faut vraiment n'avoir aucune considération pour les supporters, pour accepter de réunir 32 pays pendant un mois sur un territoire grand comme la Gironde, et être en conséquence complètement incapable de loger les fans et de leur permettre de vivre le rêve habituel d'une Coupe du monde en immersion. À la place, les fans vont devoir faire des aller-retour depuis les pays voisins et se ruiner dans des proportions jamais vues. Il suffit de savoir qu'il sera impossible de rester dans le pays plus de deux jours après l'élimination de son équipe, pour se rendre compte de cette erreur historique, et des seules libertés du Qatar, celles qu'il prend avec les obligations historiques des organisateurs.

Nous savons tous les bonnes raisons qui ont pu conduire à ce vote : il fallait bien, c'est vrai, que la Coupe du monde ait lieu dans un pays arabe. Dans une région aussi instable, l'idée première était que cette organisation favorise la paix entre États voisins, ce qui n'a pas exactement fonctionné comme prévu. Trop souvent, le mouvement sportif se contente de revendiquer quelques progrès que la diplomatie traditionnelle aurait été impuissante à arracher, prétextant qu'il est plus efficace d'organiser des compétitions pour faire bouger les lignes. C'est au nom de cette vertu aléatoire, le plus souvent, qu'il repousse les tentatives de boycott et conteste son utilité. Dans le cas du Qatar, le boycott n'a pas pris l'ampleur attendue après les révélations des morts sur les chantiers de la Coupe du monde. La bataille des chiffres a souvent été indécente, naviguant entre 40 et 6000 morts, comme s'il ne fallait pas reprocher au Qatar les ouvriers morts dans les travaux hors stades.

Q2.

Si le boycott de la Coupe du monde Qatar n'aura pas lieu, si tous les pays qualifiés vont s'y rendre et globalement accepter de ne pas manifester contre le pays organisateur, c'est d'abord parce que le curseur n'a pas été placé à temps, historiquement, autour des investissements du Qatar dans le monde. Boycotter la Coupe du monde au Qatar, ce serait avoir des principes ponctuels au milieu d'un renoncement permanent. Il faudrait que la France ne se rende pas à la Coupe du monde alors qu'elle a accepté que son meilleur club de football soit financé par cet État, alors qu'elle a accepté depuis plus longtemps encore que sa culture soit subventionnée par cet État, et qu'elle ne s'est jamais opposée au rachat de ses hôtels de luxe et d'une partie importante de son parc immobilier. Il faudrait que les footballeurs soient les représentants exclusifs de la vertu que tous les autres domaines de la vie publique refusent d'incarner.

C'est la caractéristique du *soft power* que d'installer en douceur et de désamorcer la résistance. C'est la limite de la tentation du boycott : s'il faut renoncer à la Coupe du monde, il faut être cohérent et renoncer à tout le reste, ce qui n'arrivera pas, bien sûr.

Q3.

Il est possible, malgré tout, que le monde soit en train de changer. Il est possible que sa capacité d'indignation se prolonge de plus en plus souvent par une action collective. Le boycott de la Russie, depuis qu'elle a envahi l'Ukraine, est peut-être un premier pas. Ce n'est pas la première fois que des pays membres du CIO ou de la FIFA sont en guerre, mais c'est la première fois que les deux institutions définissent aussi radicalement qui est l'agresseur et qui est l'agressé. C'est une vertu récente et sans précédent, mais c'est une vertu qui fait songer que le CIO et la FIFA pourraient enfin être plus regardants sur l'attribution des compétitions à venir. Cela ne pourra pas être pire que le jour où la FIFA a décidé d'attribuer en même temps la Coupe du monde 2018 à la Russie et la Coupe du monde 2022 au Qatar, le 2 décembre 2010, mais ce principe nouveau les éloignerait forcément de leur apolitisme revendiqué : il leur faudrait établir quasi officiellement qui est une démocratie et qui ne l'est pas, qui protège le statut des travailleurs et qui ne s'en soucie pas. Il reste, bien sûr, que l'argument de l'apolitisme ne tient pas debout : donner la Coupe du monde 2018 à la Russie et la Coupe du monde 2022 au Qatar, qu'est-ce, sinon un double geste politique ?

La manière même dont l'Angleterre souhaite créer une instance de régulation pour contrôler l'origine des fonds qui achètent les clubs de Premier League confirme que l'argent finira peut-être par avoir un peu d'odeur, et que celle-ci pourra être nauséabonde, enfin. Mais si l'Angleterre s'est émue que Newcastle devienne un club saoudien, elle ne l'a pas empêché.

L'exemple vient d'en haut : il y a longtemps qu'entre le cynisme et les tourments moraux, le président de la FIFA Gianni Infantino a choisi son camp. Un président de la FIFA a donc décidé de s'installer au Qatar avec sa famille, indifférent à la marche du monde, préférant une vie d'émir dans le luxe artificiel d'un minuscule territoire entre le désert et la mer, à une vie de président à Zurich. On voit bien que quelque chose ne va pas, que la manière dont la FIFA s'agenouille au pied de l'argent suscite plus qu'une amertume, un dégoût. Mais s'il faut condamner le Qatar pour ses manquements démocratiques et sociaux, alors il faut le condamner tout le temps, toute l'année, dans tous les domaines, et pas seulement du 20 novembre au 18 décembre.

Ronan Evain

(FRA)

Directeur exécutif de Football Supporters Europe, une association qui regroupe des supporters de 48 pays de l'UEFA et est partenaire officielle de l'UEFA, du Conseil de l'Europe et de l'Association des ligues européennes.

Q1.

Non, ce choix n'est pas justifiable. Il ne l'a jamais été, et l'est encore moins aujourd'hui. Le Qatar s'est montré incapable de respecter nombre des engagements fantaisistes pris au moment de sa candidature.

Q2.

La question du boycott s'est posée pour de nombreux groupes de supporters – et continue de se poser dans un certain nombre de pays. À ce jour, seuls les supporters danois de l'équipe nationale, au travers de l'organisation Danske Fodboldfans, ont fait le choix d'un boycott collectif, communiqué avant la qualification de l'équipe danoise. Si d'autres appels au boycott perdurent, et notamment en Allemagne ou en Norvège, ceux-ci émanent principalement de la société civile ou de supporters qui ne suivent pas habituellement les compétitions internationales. Cette question s'est donc déplacée sur le terrain du choix individuel, sur la base de la sensibilité personnelle de chacun à la question des droits humains. Le rôle des organisations de supporters comme la nôtre, mais aussi des médias et des organisations de défense des droits humains, c'est de nourrir la réflexion des supporters et les aider dans leur décision de se rendre ou non au Qatar, sur la base d'informations aussi fiables que possible sur les droits humains, les droits des travailleurs, les droits LGBTQI+ ou l'impact environnemental de la Coupe du monde.

Si les droits humains sont universels, nous avons tous une sensibilité différente quant à leur impact sur nos activités et notre vie de tous les jours. Il en va de même pour les supporters dans leur décision de se rendre au Qatar. En fonction des pays, entre 30 % et 50 % des supporters qui suivent habituellement leur équipe nationale à l'étranger ont décidé de ne pas se déplacer au Qatar sur la base de considérations éthiques. Ce chiffre, le plus élevé jamais atteint, repose sur deux choses. Tout d'abord, la situation spécifique du Qatar et l'impact humain, social et environnemental de l'organisation de cette Coupe du monde. Mais également l'intérêt croissant de l'ensemble du monde du football pour les questions relatives aux droits humains et à l'impact des tournois internationaux. C'est d'abord l'investissement du monde du sport par les organisations de défense des droits de l'homme telle que la Sport & Rights Alliance qui a permis cette prise de conscience. Elles ont été suivies par les journalistes, les supporters ou les joueurs, ce qui permet d'avoir aujourd'hui une sensibilité inédite pour ces questions. La Coupe du monde au Qatar n'est pas la première à poser ces questions de respect des droits de l'homme ou de protection de l'environnement. Mais c'est certainement la première fois que le grand public et le monde du football sont aussi sensibles à ces questions.

Pour ceux qui décident de suivre leur équipe au Qatar, il sera essentiel de réduire au maximum leur impact en termes de droits humains. Un parcours du combattant, mais nous espérons pouvoir les aider, en relation avec les organisations de défense des droits humains.

Q3.

Les droits humains doivent être au cœur du processus d'attribution des tournois internationaux. C'est la principale leçon à retenir de cette Coupe du monde. Le monde du football doit sortir du vieux fantasme qui consiste à croire qu'un tournoi peut changer un pays. Il doit y avoir un seuil minimum en termes de libertés individuelles et de respect de l'état de droit en dessous duquel un pays n'est pas apte à accueillir un tournoi international.

La FIFA et l'UEFA ont fait des progrès notables ces dernières années, avec l'adoption d'une politique des droits humains dans les deux organisations. L'UEFA a introduit des critères relatifs au respect des droits humains ou à l'implication des communautés locales dans les conditions d'octroi de l'EURO 2024. La FIFA a fait de même pour la sélection finale des villes-hôtes de la Coupe du monde 2026 aux États-Unis. Mais ces politiques restent fragiles, notamment en raison de l'attractivité de certains pays tels que l'Arabie Saoudite ou la Chine, mais également le nombre toujours décroissant de démocraties prêtes à accueillir des tournois internationaux en raison du coût économique, social et environnemental de tels événements.

Rosie Garthwaite

(UK)

Journaliste d'investigation, documentariste. *The Workers Cup* (2017), son film sur un tournoi de football organisé pour les travailleurs migrants au Qatar, a reçu de multiples récompenses internationales.

Q1.

Je crois fermement que n'importe quel pays du monde où existe une passion pour le football devrait pouvoir accueillir une Coupe du monde, mais je crois aussi que le droit d'organiser cette Coupe du monde devrait être conditionné par la capacité du pays en question de satisfaire un certain nombre de critères en termes de droits de l'homme avant qu'on mette en vente les billets. De la même façon, un pays qui est l'objet de sanctions punitives parce qu'il menace la sécurité de ses voisins peut voir ces sanctions être levées s'il invite des inspecteurs en désarmement indépendants à le visiter. Or, la FIFA a l'argent et les moyens pour inspecter et forcer à rendre compte de leurs actions ces pays dont le bilan en termes de droits de l'homme est problématique.

J'ai été basée au Qatar de 2007 à 2017, tout d'abord pour Al Jazeera, puis pour diriger la seule maison de production indépendante d'informations et de documentaires du pays, Mediadante. Pendant des années, j'ai proposé des reportages sur les droits des travailleurs, les abus sexuels dans les foyers qataris et d'autres thèmes qui mettaient en lumière la face plus sombre de ce pays. Al Jazeera m'a même parfois permis de filmer avant de déprogrammer ces reportages juste avant leur diffusion. J'ai alors quitté Al Jazeera et ai commencé à proposer des reportages sur les travailleurs migrants au Qatar à des médias comme CNN, la BBC et Channel 4, sans jamais susciter le moindre intérêt. Et puis, le Qatar a gagné le droit d'organiser la Coupe du monde et, tout d'un coup, tout le monde voulait raconter l'histoire de ces hommes. Et aujourd'hui, alors que le tournoi se rapproche, on s'intéresse à un éventail plus large de problèmes liés aux droits de l'homme – les droits de la communauté LGBTQI+, les droits des femmes, les droits démocratiques, etc. Il ne fait aucun doute dans mon esprit que, sans la Coupe du monde, les travailleurs du Qatar se trouveraient dans une situation encore plus difficile que celle qui est la leur aujourd'hui.

Q2.

Les journalistes ne devraient prendre part à la Coupe du monde que s'ils sont suffisamment courageux pour questionner et repousser les limites de leur travail, aller au-delà des communiqués de presse publiés et des conférences organisées par le gouvernement qatari. Les journalistes ne devraient pas aller au Qatar pour raconter des histoires toutes faites en pointant des caméras sur les gens sans aller plus loin, des images qui n'ajoutent rien à rien. Ils peuvent faire ça sans le moindre effort. Ils doivent trouver le moyen de toucher les gens au-delà du football, parler à leurs cœurs d'une autre façon.

Q3.

Comme je l'ai déjà dit : l'attribution d'une Coupe du monde à un pays devrait dépendre de son accord pour atteindre un ensemble d'objectifs liés aux droits de l'homme, qui puisse être supervisé de manière indépendante.

Gilles Goetghebuer

(BEL)

Rédacteur en chef des magazines *Sport et Vie* et *Zatopek*.

Q1.

En pratique, oui, on peut tout justifier. Récemment, les avocats de Manchester City ont obtenu du Tribunal Arbitral du Sport que le club ne soit pas sanctionné pour ses manquements pourtant flagrants aux règles du *fair-play* financier. Quand on a de l'argent, tout est possible. Lorsqu'on envisage la question sous l'angle éthique, la réponse est non. Clairement non ! On aurait éventuellement pu considérer une candidature groupée des monarchies du Golfe : Bahreïn, Qatar, Dubaï, Abou Dabi, etc. Chaque pays aurait alors mis son stade national à disposition. Mais la désignation du seul Qatar est un non-sens écologique. Comment justifier la construction de six nouvelles enceintes alors qu'on insiste partout sur la notion de sobriété ? Cette Coupe du monde est un pied de nez adressé à tous ceux qui se soucient de l'épuisement des ressources naturelles et des bouleversements climatiques.

Q2.

Ce sont deux questions différentes, à mon avis. Pourquoi en parler ? Tout simplement parce que la Coupe du monde existe. Imaginons un instant qu'on fasse le tri entre les sujets à traiter selon qu'ils nous plaisent ou non. Cette presse-là ne serait pas d'une très grande utilité pour comprendre le monde. Il faut donc en parler sans états d'âme et surtout sans rien omettre de l'aberration écologique qu'elle représente et de son coût élevé en vies humaines même si, sur le sujet, il faut se méfier des biais d'analyse. Les stades ne sont qu'une facette d'un gigantesque problème d'exploitation. En réalité, c'est toute l'organisation sociale de ces États féodaux qui est injustifiable et un partage des richesses totalement révoltant entre des nationaux super-nantis et des ouvriers immigrés (Sri Lanka, Népal, Bangladesh, Inde ou Pakistan) traités en esclaves.

La question « y aller ou ne pas y aller » est plus subtile, je trouve. Elle implique de distinguer deux types possibles de boycott. Le premier est de nature personnelle. En tant que sportif, supporter, journaliste, accompagnateur, on peut parfaitement refuser de se rendre dans tel ou tel lieu pour des raisons éthiques. Les prises de position de ce genre sont rares dans le sport. En 2020, on a tout de même vu deux golfeuses anglaises, Meghan MacLaren et Melissa Reid, refuser de participer à un tournoi en Arabie Saoudite, pour marquer leur désaccord avec la politique de discrimination des femmes dans ce pays. Cette forme-là de boycott me paraît très légitime. Le message est clair : « Je ne mange pas de ce pain-là ! » L'autre me gêne davantage. Par le passé, on a souvent vu des gouvernements retirer à leurs sportifs le droit de participer à telles ou telles compétitions pour raisons politiques. En général, il s'agit de mesures de rétorsion très peu enclines à produire les changements espérés. Au contraire ! Les positions ont tendance à se radicaliser dans ces situations de rejet alors qu'à l'inverse, le sport peut servir d'ouverture sur le monde et favoriser des rencontres qui aident parfois aux basculements de régimes autoritaires. Il faut toujours se souvenir que Jesse Owens était à deux doigts de boycotter les Jeux de Berlin en 1936. Une telle décision aurait privé le monde de ce qui constitue peut-être les quatre plus belles victoires de toute l'histoire des Jeux.

Q3.

À l'échelle des institutions, la leçon principale sera de ne pas croire qu'une autorité puisse se réguler elle-même. Qu'il s'agisse d'éthique ou d'écologie. Cela ne marche pas dans le domaine industriel : nucléaire, alimentaire, banques. Pas non plus dans le sport ! Un jour ou l'autre, il faudra donc confier ces dossiers épineux à une instance indépendante du pouvoir sportif. Une piste ? Prendre pour modèle la constitution de l'agence mondiale antidopage (AMA) qui réunit des représentants des États et des fédérations. Certes, l'AMA donne aujourd'hui l'impression de s'être fait rattraper par les tensions politiques internationales. En 20 ans, elle a tout de même permis des avancées remarquables comme d'établir une seule liste rouge des produits interdits, fixer le barème des sanctions, organiser les contrôles, etc.

À l'échelle personnelle, on pourra aussi tirer quelques enseignements de ce tournoi et peut-être même se poser des questions quasiment existentielles à l'issue de ces matchs où l'on se sera probablement emballé pour le jeu en oubliant temporairement tous les motifs d'indignation. Cette dichotomie classique entre la passion et la morale est bien connue des amoureux du sport. À sa façon, elle rappelle l'opposition entre « l'esprit de finesse » et « l'esprit de géométrie » que Blaise Pascal avait déjà cru déceler dans les raisonnements humains. « La finesse est la part du jugement », écrivait-il. « La géométrie est celle de l'esprit ». Le philosophe français n'a pas pu appliquer sa théorie au football qui fut inventé deux siècles après sa mort. Mais les supporters comprendront la nuance. Lorsqu'ils lèvent les bras au ciel pour célébrer un but, ils font preuve d'esprit de finesse. Lorsqu'ils se documentent sur les conditions de vie des ouvriers sur les chantiers qataris, ils laissent la primauté à la géométrie.

Qatar 2022

Chronologie d'une controverse

2005

- **17 novembre**

  Inauguration à Doha de l'Académie Aspire, le complexe sportif qui sera la fondation de l'implication du Qatar dans le football. De nombreuses antennes de détection et de formation des jeunes sont mises en place dans le monde entier. Plus de 3,5 millions d'enfants seront ainsi évalués par le projet Aspire, au cœur duquel on trouve de nombreux techniciens espagnols liés en particulier au Real Madrid et au FC Barcelone. Les meilleurs jeunes se verront invités au Qatar, et certains seront appelés en sélection nationale qatarie.

2009

- **15 janvier**

  La FIFA invite officiellement les pays candidats à l'organisation des Coupes du monde de 2018 et de 2022 à se déclarer. Ils ont jusqu'au 2 février pour ce faire, et jusqu'au 16 mars pour remplir les formulaires de candidature.

- **14 mars**

  Les Qataris annoncent la composition de ce qui deviendra plus tard le « Comité Suprême » du Mondial de 2022. Hassan Al Thawadi, 31 ans, formé à l'université de Sheffield et issu du service légal de QIA (Qatar Investment Authority), le fonds souverain de l'émirat, en est nommé le chef, une fonction qu'il assume toujours en 2022.

- **17 mai**

Lancement officiel de la candidature qatarie par Cheikh Mohammed Bin Hamad Bin Khalifa Al Thani, fils de l'émir Cheikh Hamad, à l'occasion de la Coupe de l'Émir, disputée devant 50 000 spectateurs au Khalifa International Stadium de Doha.

2010

- **19 janvier**

Rencontre secrète entre l'émir du Qatar Cheikh Hamad et les trois « parrains » du football sud-américain, le Brésilien Ricardo Teixeira, l'Argentin Julio Grondona et le Paraguayen Nicolas Leoz. Cette rencontre se déroule au luxueux domicile de Teixeira à Rio de Janeiro. Tous trois sont membres du Comité exécutif de la FIFA et seront accusés par le FBI d'avoir vendu leurs voix au Qatar.

- **29 janvier**

Le 32e Congrès de la CAF (Confédération africaine de football) s'ouvre dans la capitale angolaise Luanda. Le Qatar en a payé les frais d'organisation, sous condition d'avoir un accès exclusif aux délégués africains, dont quatre siègent au Comité exécutif de la FIFA, malgré les protestations des autres pays candidats. Selon la lanceuse d'alerte Phaedra Almajid, qui faisait partie de la délégation qatarie à Luanda, c'est à cette occasion que trois de ces quatre dignitaires, Amos Adamu, Jacques Anouma et le président de la CAF Issa Hayatou, se virent offrir des pots-de-vin de 1,5 million de dollars chacun en échange de leur voix (ce que tous nièrent).

- **18 février**

Pep Guardiola, alors entraîneur de Barcelone, est nommé ambassadeur de Qatar 2022.

- **14 mai**

Le Qatar et les autres pays candidats à l'organisation des Mondiaux de 2018 et 2022 remettent leurs dossiers complets de candidature à la FIFA.

- **19 juillet**

Début des tournées d'inspection des pays candidats par les délégués de la commission technique de la FIFA. Chaque inspection durera quatre jours, et la dernière – celle du Qatar – sera conclue le 17 septembre, jour où Zinédine Zidane est présenté comme ambassadeur de Qatar 2022.

- **18 novembre**

Le Nigérian Amos Adamu et le Tahitien Reynald Temarii, tous deux membres du Comité exécutif de la FIFA, sont suspendus par sa Commission d'éthique après avoir été filmés proposant de vendre leurs votes à des journalistes sous couverture du *Sunday Times*.

- **23 novembre**

Michel Platini, président de l'UEFA et vice-président de la FIFA, déjeune avec le président de la République Nicolas Sarkozy, le prince héritier du Qatar Cheikh Tamim et le Premier ministre et ministre des Affaires étrangères Cheikh Hamad Bin Jassim.

- **2 décembre**

À la stupéfaction des observateurs, Sepp Blatter annonce à Zurich que le Qatar accueillera la Coupe du monde de 2022. Les Qataris ont obtenu 14 voix contre 8 aux Américains au quatrième tour de scrutin.

- **10 décembre**

Le FC Barcelone de Pep Guardiola, qui n'a jamais eu de sponsor maillot commercial dans son histoire, devient partenaire de la Qatar Foundation moyennant le versement de 150 millions d'euros sur cinq ans, une décision qui déclenche un tollé parmi les membres du club.

2011

- **30 juin**

QIA (Qatar Investments Authority), le fonds souverain du Qatar, achète 70 % du capital du Paris Saint-Germain via sa filiale QSI (Qatar Sports Investments), et place à sa tête Nasser al-Khelaïfi.

2012

- **17 juillet**

L'Américain Michael J. Garcia, ancien procureur du district sud de l'État de New York, est nommé à la tête de la Chambre d'investigation de la Commission d'éthique de la FIFA et chargé de préparer un rapport sur l'attribution des Mondiaux de 2018 et 2022.

2013

- **22 janvier**

Publication du dossier « Qatargate » dans le magazine *France Football*, qui révèle, entre autres, le déjeuner de l'Élysée et le voyage secret de l'émir du Qatar à Rio de Janeiro. L'enquête de *France Football* continuera jusqu'en 2016.

2014

- **1er juin**

The Sunday Times commence la publication des « FIFA files » qui, selon le journal dominical britannique, démontrent que la Coupe du monde de 2022 a été achetée par le Qatar. Se basant sur un nombre prodigieux de documents obtenus d'une source qui n'a toujours pas été révélée (mais qu'on dit proche de la candidature australienne pour 2022), les enquêteurs du *Sunday Times* montrent entre autres comment le Qatari Mohammed Bin Hammam s'y est pris pour empêcher qu'un dirigeant de la FIFA favorable à son rival australien prenne part au vote du 2 décembre 2010.

- **17 décembre**

  Michael Garcia démissionne, se plaignant que les conclusions de son rapport de 350 pages, remis au mois de septembre, ont été dénaturées par le président de la Chambre de jugement de la Commission d'éthique de la FIFA, Hans-Joachim Eckert.

2015

- **19 mars**

  Malgré l'opposition des clubs, des syndicats de joueurs et des confédérations, la FIFA confirme que la Coupe du monde de 2022 ne se déroulera pas en juin et juillet comme prévu dans le cahier des charges, mais en novembre et décembre.

- **27 mai**

  Le FBI et la police suisse font une descente à l'aube sur le luxueux hôtel Baur-au-Lac où logent la plupart des dignitaires conviés à participer au 65e Congrès de la FIFA. Sept personnes sont arrêtées : c'est le début du « Fifagate », qui verra la condamnation de nombreux dirigeants du football mondial pour corruption.

- **29 mai**

  Deux jours après le raid du FBI, Sepp Blatter est réélu à la présidence de la FIFA au 65e Congrès de l'instance, à Zurich. Il s'agit de son cinquième mandat consécutif.

- **2 juin**

Sepp Blatter démissionne de son poste de président de la FIFA sous la pression des États-Unis.

- **8 octobre**

Sepp Blatter et Michel Platini sont suspendus 90 jours par la Commission d'éthique de la FIFA pour un « paiement déloyal » de 2 millions de francs suisses au bénéfice du second. Ils seront ensuite bannis le 21 décembre pour huit ans, une sanction qui sera réduite en appel.

2017

- **27 juin**

La FIFA publie le rapport Garcia dans son intégralité. Bien que très critique envers certains pays candidats, dont l'Angleterre et l'Australie, ce rapport ne débouchera sur aucune sanction de la FIFA. Le Qatar n'y est qu'égratigné, en l'absence de preuves tangibles de corruption.

2019

- **1er février**

Le Qatar bat le Japon en finale de la Coupe d'Asie pour remporter son premier trophée international. Seuls six des vingt-trois joueurs de la sélection de l'émirat sont détenteurs d'un passeport qatari.

2021

- **23 février**

Le quotidien britannique *The Guardian* révèle que plus de 6 500 travailleurs migrants sont morts au Qatar depuis l'attribution de la Coupe du monde à l'émirat. Cette statistique est très largement reprise dans les médias internationaux et relance le débat sur le non-respect des droits de l'homme et de la femme au Qatar.

- **20 juin**
  En Norvège, après des mois de pression, les partisans d'un boycott de la Coupe du monde, clubs et supporters, parviennent à obtenir la tenue d'une assemblée générale de leur fédération. La motion en faveur d'un boycott est repoussée après des débats très houleux.

2022

- **20 novembre**
  Match d'ouverture de la Coupe du monde de 2022.

Olivier Gourmet

(BEL)

Acteur, prix d'interprétation masculine au Festival de Cannes pour son rôle dans *Le Fils* des frères Dardenne (2002), lauréat du Magritte d'interprétation masculine pour *L'Exercice de l'État* (2011).

Q1.

La seule question qui se pose au-delà des considérations sportives, climatiques (ne fait-il pas aussi chaud au Brésil au mois de juillet qu'au Qatar au mois de décembre, aberration écologique de la climatisation, pourquoi ne pas développer le foot dans un pays où il n'est pas roi ?) et du lobbying douteux exercé par le Qatar : est-ce que les droits de l'homme ont été respectés pour la construction de l'infrastructure nécessaire à ce type d'événement ? La réponse est objectivement négative selon ce que les médias ont rapporté… Normes de sécurité, salaires, droits de l'homme, etc., semblent avoir été bafoués, du sang coule sur cette organisation…

Q2.

Si je veux être cohérent avec ce que je viens de développer, il serait juste et humain de boycotter. Y aller, c'est cautionner… Si la Coupe du monde avait lieu en Russie, irions-nous ?

En parler, c'est ouvrir les yeux et sensibiliser à la juste cause… C'est sauvegarder l'espoir…

Q3.

Que le monde est irrémédiablement aux mains des lobbyistes et de l'argent, que les droits élémentaires sont bafoués, que bien que nous soyons acteurs de ce monde et de la démocratie, nous sommes devenus impuissants... Mais en parler, c'est déjà résister.

Jean-Baptiste Guégan

(FRA)

Géopolitologue du sport, conférencier, enseignant, auteur.

Q1.

Dans un monde normal, dans le cadre d'une compétition transparente et équitable, le Qatar n'aurait jamais pu rivaliser pour la Coupe du monde 2022. Que ce soit avec les États-Unis, le favori, ou les autres candidats en lice (Australie, Japon, Corée du Sud). Le 2 décembre 2010, lors de sa désignation, il en a été différemment et il a été désigné. Cela soulève plusieurs remarques.

L'attribution de la Coupe du monde au Qatar a d'abord été rendue possible par l'acceptation par la FIFA du dossier de candidature de l'émirat du Golfe. Avant même de reconnaître les doutes légitimes qui accompagnent sa victoire, il faut souligner que le Qatar est en droit de postuler à l'organisation d'une compétition FIFA, comme tous les États membres de l'institution. Mais sa participation et la recevabilité de son dossier montrent aussi l'aval préalable des instances du football mondial. Cela questionne en creux les pratiques de gouvernance de la FIFA et ses critères de décision. La recevabilité puis l'acceptation de la candidature qatarie le soulignent. Notamment face au niveau de ses adversaires pour 2022. Avant même d'avoir à justifier sa candidature, le Qatar a simplement fait comme d'autres fédérations avant lui. Il a fait acte de candidature et a suivi les règles écrites et les autres...

C'est toujours bon de le rappeler, car ce n'est pas la première compétition entachée de questionnements. Plusieurs procédures ont visé d'autres pays ces dernières années, comme le Maroc ou l'Allemagne. Il ne faut pas non plus oublier qu'en décembre 2010, en même temps que celle attribuée au Qatar, l'édition 2018 a été confiée à la Russie aux dépens de l'Angleterre. Quatre ans après le déclenchement de l'invasion en Crimée. Aujourd'hui, cette attribution résonne encore autrement avec la guerre en Ukraine.

L'obtention de l'édition de la Coupe du monde 2022 dans des circonstances particulières, tout comme celles des précédentes, souligne un problème préalable de gouvernance et d'intégrité au sein de la fédération internationale de football. Il y avait quelque chose de pourri au royaume de la FIFA en cette fin d'année 2010, pour paraphraser Hamlet. Et cela s'est traduit par le scandale qui a balayé la majorité des membres de l'institution, à commencer par Sepp Blatter. 19 membres du comex, sur 26, ont ainsi été évincés. Sous influence, ne respectant pas les principes qui devraient régir sa gouvernance, la désignation du Qatar 2022 par la FIFA a servi de révélateur mondial à ces dérives.

Il y a une autre chose à considérer pour expliquer Qatar 2022 : la Coupe du monde n'a jamais été organisée dans le golfe Persique et *a fortiori* au Proche et au Moyen-Orient et plus largement dans le monde arabe. En dehors des problèmes éthiques et des questionnements liés à de possibles pratiques corruptrices qui relèveraient de la justice, l'obtention de cette Coupe du monde peut se justifier par cette raison. C'est notamment une des motivations avancées par Michel Platini lorsqu'il a expliqué pourquoi il avait voté pour le Qatar.

La dernière raison qui peut expliquer la décision de la FIFA, c'est le rôle du football pour le Qatar. L'émirat en a fait le fer de lance de sa politique de *soft power* sportif. L'obtention de la Coupe du monde 2022 – plus facile à obtenir que des Jeux olympiques d'été – est à la hauteur de la diplomatie du sport qu'il a mise en place depuis l'arrivée au pouvoir de Hamad Al Thani, le père de l'émir actuel. Cette diplomatie qui lui permet d'exister et de rayonner est sans limites. Elle répond en cela non pas à un besoin de grandeur, mais à la nécessité de se visibiliser, de se protéger à l'échelle internationale de ses voisins et de maintenir au pouvoir la dynastie Al Thani.

Le fait d'attribuer la Coupe du monde 2022 au Qatar nous dit finalement plus de choses sur le système qui a permis cette désignation et le modèle de *sport power* construit par le Qatar que sur le dossier de l'organisation en lui-même. Dossier qui aurait dû être battu en temps normal. Ce qui revient à se poser une question : à l'avenir, sera-t-il normal et acceptable de participer à l'organisation de ce type de manifestation internationale sans remplir certains critères éthiques, sociétaux, démocratiques et environnementaux ?

Q2.

Il faudrait d'abord aller au Qatar pour une raison très simple, au-delà des questions géopolitiques et polémiques : comme tous les pays organisateurs, le Qatar veut accueillir le monde et il serait dommage de se priver d'une telle rencontre... si l'on fait temporairement abstraction des raisons éthiques, environnementales et sociétales. Aller à la rencontre d'un peuple différent est toujours enrichissant. Pour ceux qui y vont et qui sortent de leurs représentations. Mais aussi pour ceux qui les accueillent et qui ont la possibilité de s'ouvrir à d'autres visions du monde. De surcroît, aller sur place et faire du terrain permet de se confronter à la réalité et de ne pas dépendre d'informations de seconde main. Sur la question des ouvriers ou des minorités, cela paraît essentiel.

C'est en y allant que l'on constatera les entraves et les entorses aux droits des minorités ou des travailleurs. Il faut se servir de cette manifestation sportive pour en faire un levier et du déplacement au Qatar, l'une des conditions du changement et de notre vigilance. C'est en allant justement sur place que l'on comprendra les limites politiques et les blocages de la société qatarie. C'est en y allant que l'on sera capable de construire un rapport de force profitable et un dialogue constructif. La politique de la chaise vide n'a jamais fonctionné. Après, on peut avoir une position éthique et morale, mais même les ONG les plus impliquées comme Amnesty International ou Human Rights Watch vont y aller. Se rendre sur place, c'est la différence qu'il y a entre la communication et l'action, le storytelling et la réalité. Agir sur place, ce n'est pas cautionner, c'est tenter de faire changer les choses. Rester chez soi, c'est la certitude de l'inaction.

En tant qu'expert en géopolitique du sport, il sera aussi intéressant d'aller sur place voir comment se concrétise et se décline la politique menée par le Qatar depuis plus de 20 ans dans le sport et le football. Le pays joue énormément avec cette manifestation. Doha et le Qatar ne sont plus les mêmes depuis qu'ils ont obtenu cette manifestation. Le football mondial joue énormément aussi. Vont-ils réussir à respecter les standards internationaux ? Comment vont-ils gérer la question de la sécurité et des contestations éventuelles ? Sauront-ils accueillir le monde au-delà des promesses ? Le Qatar est un pays musulman et conservateur du point de vue religieux. L'alcool ne s'y consomme pas de la même manière qu'en Europe et l'arrivée de milliers de fans va soulever ces questions, tout comme celle de l'inclusion et de l'accueil à réserver aux femmes, aux minorités sexuelles et plus généralement aux supporters habitués à plus de libéralité. Le risque de voir la Coupe du monde 2022 se transformer en Coupe du monde VIP existe aussi.

Au regard du rôle que joue le Qatar dans l'animation du football mondial avec le PSG et de son financement avec BeIn Sports, il sera intéressant de voir sur place comment les choses se déroulent réellement. L'après sera tout aussi essentiel.

Le fait de ne pas y aller, à mon avis, ne règle rien pour les États des fédérations engagées. La diplomatie du boycott, qu'il soit sportif, politique ou diplomatique, n'a jamais montré ses effets. On l'a vu avec les Jeux de Sotchi 2014 ou de Beijing 2022. La décision du boycott est avant tout symbolique et c'est d'abord une affaire de politique intérieure. Une telle décision permet de se construire une bonne conscience et un assentiment à l'échelle nationale. Décréter un boycott n'a qu'un effet médiatique et des retombées politiques limitées. Cela permet de prendre position à l'échelle internationale, mais cela ne change rien dans la réalité des relations internationales sauf à tendre les échanges.

La vraie question n'est pas à mon sens d'aller au Qatar ou pas, mais c'est plutôt de savoir s'il sera possible d'y aller. Une majorité de supporters ne sera pas en capacité de faire face aux problèmes de transport, de logements et de visa que Qatar 2022 pose. En dehors des raisons éthiques et environnementales, la Coupe du monde fait partie du bien commun. Elle s'impose comme l'un des rares événements majeurs à mobiliser l'humanité. Or, cette Coupe du monde semble s'imposer de plus en plus comme un événement premium et privatisé au plus haut degré. Elle ne sera accessible qu'à quelques *happy few*. La fête populaire risque d'être beaucoup plus limitée et restreinte que lors des dernières éditions. Est-ce vraiment ce que l'on veut ? Sont-ce les souvenirs que l'on veut conserver de la plus grande compétition mondiale de football de sélections, *a fortiori* après le Covid ?

Q3.

La première des leçons qu'il faut tirer de cette épreuve, c'est d'abord que tous les pays du monde devraient pouvoir organiser la Coupe du monde et pas simplement les pays riches ou les pays qui ont une capacité à influencer le monde ou à hacker le système, pour reprendre un vocabulaire très « start-up nation ».

La deuxième leçon qu'il faut en retirer, c'est qu'il faut conditionner dès à présent l'obtention des grands événements sportifs à des critères de respect des droits humains fondamentaux, au respect des minorités, au respect des enjeux climatiques et environnementaux, à des règles de gouvernance et de transparence claires. Il faut aussi associer l'organisation et l'accueil de ces grands événements sportifs à une volonté d'accompagner les pays qui les accueillent ou qui voudraient les accueillir à des logiques de progrès social et environnemental.

Le sport ne doit pas être simplement un instrument géopolitique, mais aussi un levier de politique publique. Le sport peut être une condition de changement et un facteur de progrès des sociétés. Il peut contribuer à améliorer la vie des gens et à les inspirer. En outre, il peut constituer un précieux élément de promotion, de valorisation et de développement des droits humains.

En faisant d'une Coupe du monde un événement susceptible de s'inscrire dans les préconisations des Nations Unies sur le développement et de les favoriser, le football et la FIFA auraient tout à y gagner. Ce qui justifierait d'autant plus les coûts d'organisation d'un tel événement et les légitimerait pour les sociétés d'accueil et l'ensemble des acteurs. Mettre le football au service des progrès de l'humanité serait une avancée. Même si cela peut paraître naïf, l'univers du ballon rond assumerait ainsi son poids géopolitique et sa responsabilité sociale et environnementale.

Le football, c'est plus que du sport, c'est plus que du foot, c'est plus que la trajectoire d'un ballon. Et c'est ça qui est formidable. C'est pour ça aussi qu'on aime ce sport au-delà des frontières, au-delà des différences de culture et d'identité. Le football, c'est le partage, la possibilité de rencontrer l'autre, celui que l'on ne connaît pas. Sur le terrain comme dans les tribunes. C'est cette occasion de rencontrer la différence et de changer le réel qui devrait primer quand une Coupe du monde est attribuée. La communication, le *nation branding* et le *soft power* sportif sont importants, mais ils doivent passer après.

C'est à nos États, à nos élites et aux instances dirigeantes du football d'en prendre pleinement conscience. Il en va de leur responsabilité politique et de l'avenir du football et de la manifestation qu'est la Coupe du monde.

Stéphane Guy

(FRA)

Journaliste sportif, longtemps spécialiste de la Premier League anglaise et de la Ligue des Champions sur Canal+ France.

Q1.

Cette 22e édition sera à l'histoire de la Coupe du monde ce que furent à l'histoire olympique les Jeux de la XIe olympiade. Une tache. Espérons qu'un Jesse Owens version 2022 se lèvera pour réveiller les consciences des citoyens du monde. Rien ne justifie que des millions d'êtres humains ne sacrifient leurs vies pour le plaisir de quelques-uns. Rien ne justifie que des milliers d'êtres humains ne donnent leurs vies pour l'ambition et la soif de pouvoir de quelques autres. Rien, si ce n'est la cupidité, l'ignorance et l'aveuglement des 14 membres du comité exécutif de la FIFA qui ont rendu cette folie possible un triste jour de décembre 2010. Et la France, mon cher et vieux pays, a joué un rôle éminent dans cette ignominie, au point de rester confinée aujourd'hui encore dans le déni, au point de proposer cette fable, véritable justification post-traumatique : le temps serait venu de confier l'organisation de la plus grande des compétitions à un pays du Moyen-Orient. Une belle idée bien sûr, mais alors pourquoi le Qatar ? Pays grand comme deux départements français. Pays surtout très loin de disposer des infrastructures suffisantes (d'où le travail forcé sur les chantiers du Mondial). Pays aussi qui n'est jamais parvenu à qualifier son équipe nationale pour la Coupe du monde, contrairement, par exemple, à l'Iran et à l'Arabie Saoudite, six phases finales chacune à leur actif. Pourquoi pas même une organisation collégiale ? Pourquoi pas le Maroc, par exemple, s'il fallait confier cette édition à un pays musulman, le Maroc qui a vu sa candidature déjà rejetée à cinq reprises...

Pourquoi le Qatar ? La réponse coule de source : parce que l'ARGENT ! L'Émirat affiche depuis 30 ans un activisme diplomatique débordant avec une originalité : il a eu l'intelligence de choisir le sport comme bras armé. Le PSG ou le réseau TV BeIn Sports (qui promettait au passage à la FIFA un bonus de 100 millions d'euros en cas de Coupe du monde accueillie au pays) en sont deux belles facettes. Et ce sont près de 500 manifestations sportives d'envergure internationale qui s'y sont déjà tenues, par exemple les championnats du monde d'athlétisme ou de cyclisme. Organisation maîtrisée, mais impact populaire strictement limité. Que les tribunes sonnent creux importe peu, l'essentiel est évidemment ailleurs. Dans cette soif de reconnaissance, le Qatar ne regarde pas à la dépense. Et ne néglige aucun moyen... On évalue par exemple, dans les médias qui ont sérieusement enquêté sur le sujet[13], à plus de 50 millions d'euros l'enveloppe ayant permis de convaincre les membres du comité exécutif de la FIFA. Quatorze d'entre eux au moins sur les 22 auraient accepté de croquer dans la pomme. Quatorze salopards qui obligeront les 3,2 milliards de téléspectateurs attendus autour de l'événement à un bel examen de conscience au moment d'appuyer sur le bouton de leur télécommande... Otages de leur passion.

Q2.

L'attribution de la Coupe du monde au Qatar n'aura eu qu'un seul mérite : lever le voile sur ce pays fort mystérieux. Sa richesse ne tient donc pas qu'à ses ressources naturelles exceptionnelles (notamment en gaz), mais aussi à un système d'organisation

---

13 Bernard Nicolas & Thierry Gadault (13/05/2021). *Qatar connection : comment le Qatar s'est offert la Coupe du monde 2022.* Sur Blast-info.fr.

sociale moyenâgeux qui relève purement et simplement de l'esclavagisme. Système dont le Qatar n'a pas, tant s'en faut, le monopole dans cette région du monde. Ce que nous, humbles mortels, ne connaissions pas, le fameux comité d'évaluation de la FIFA, censé passer au tamis chacune des candidatures, ne pouvait pas l'ignorer. Tout comme il aurait dû anticiper les conséquences d'une telle attribution, avec l'explosion du nombre de travailleurs immigrés pour faire face aux besoins d'infrastructures, et l'explosion par conséquent des atteintes et des violations aux droits humains les plus élémentaires. Il y avait un million de travailleurs immigrés au Qatar en 2010, il y en a aujourd'hui 2,5 millions… Personne ne pourra dire demain qu'il ne savait pas, car personne ne peut dire aujourd'hui qu'il ne sait pas.

Ces sujets ont été abondamment documentés depuis dix ans. Tant par les organisations non gouvernementales que par des confrères journalistes. Ils ont réalisé sur le terrain un travail remarquable pour révéler le coût humain effrayant de la tenue de cette Coupe du monde. En point d'orgue : la glaçante enquête du quotidien anglais de référence *The Guardian*, avec ce titre de Une le 23 février 2021 : « 6500 travailleurs immigrés sont morts au Qatar depuis l'attribution de la Coupe du Monde ». Ses journalistes se sont notamment déployés dans les pays d'origine des migrants : l'Inde, le Népal, le Bangladesh, pour les plus importants. Les témoignages des autorités et surtout des familles font froid dans le dos. Comme les rapports régulièrement publiés depuis 2010 par l'ONG Amnesty International. Elle se refuse à donner un nombre de victimes, mais retrace le parcours individuel de nombre de ces damnés, venus au Qatar en s'endettant auprès d'intermédiaires sans scrupules, dans l'espoir d'offrir un meilleur avenir à leurs familles, victimes sur place du travail forcé et de conditions de vie indignes et qui pour certains sont revenus au pays dans un cercueil sans que les raisons exactes de leurs morts n'aient jamais été révélées… À charge alors à leurs familles de s'endetter encore plus pour financer le rapatriement du corps. « Quatre des hommes avaient 34 ans lorsqu'ils sont décédés. Mohammad Kaochar Khan, plaquiste sur un chantier, a été trouvé mort par ses collègues dans son lit le 15 décembre 2017. Il était marié et avait un fils de sept ans. Yam Bahadur Rana était agent de sécurité à l'aéroport, un emploi qui lui imposait de rester assis de longues heures au soleil. Il est mort soudainement au travail le 22 février 2020. Il était marié et avait deux enfants. Mohammed Suman Miah, ouvrier du bâtiment, s'est effondré le 29 avril 2020 à la fin d'une longue journée de travail alors que la température atteignait 38 °C. Il était également marié et avait deux enfants. Tul Bahadur Gharti est mort dans son sommeil la nuit du 28 mai 2020 après avoir travaillé à l'extérieur pendant environ 10 heures alors que la température atteignait 39 °C. Sujan Miah avait 32 ans lorsque des collègues l'ont trouvé inconscient dans son lit le 24 septembre 2020 au matin. Il était tuyauteur sur un projet dans le désert et avait travaillé alors que la température dépassait les 40 °C les quatre jours précédant sa mort. Manjur Kha Pathan avait 40 ans et travaillait 12 à 13 heures par jour comme conducteur de poids lourd. La climatisation dans l'habitacle de son véhicule ne fonctionnait pas. Il s'est effondré dans son logement le 9 février 2021 et est mort avant qu'une ambulance n'arrive. Il était marié et avait quatre enfants. [...] Le Qatar n'a mené aucune enquête sur ces décès et n'a pas proposé d'indemnisation à leurs familles. »[14] Respect éternel à ces sacrifiés du football. Bien sûr, le Qatar n'a pas le monopole de cette absence de cœur. Ses voisins régionaux, Arabie Saoudite, Émirats arabes unis, etc., n'ont rien à lui envier sur le sujet de la traite humaine. Bien sûr, les révélations de ces drames ont permis

14 Amnesty International (26/08/2021). *Qatar : « Fauchés dans la fleur de l'âge » – Synthèse. Ni enquête, ni indemnisation, ni mesure de prévention face aux décès de travailleurs migrants au Qatar.* Sur www.amnesty.org.

de réelles avancées législatives, avec cette restriction que les textes, selon les observateurs de terrain, ont un effet quasi nul sur les actes… Le constat est donc là : les matchs de la XXIe Coupe du monde ne se joueront pas seulement dans des stades, mais aussi dans des cimetières.

Q3.

Cette Coupe du monde doit servir de détonateur pour la FIFA, mais aussi pour toutes les organisations sportives qui ne voient dans leurs compétitions que des machines à cash et non des aventures humaines. Plus jamais ça ! Plus d'attribution marquée du triple sceau de la corruption, de la maltraitance humaine et de la gabegie écologique. Puisque la FIFA est capable d'imposer aux autorités des pays hôtes ses propres règles en matière de fiscalité (les bénéfices d'une Coupe du monde échappant ainsi à l'impôt), elle doit bien aussi être capable d'imposer ses normes sur le plan social. Le respect des droits humains doit désormais figurer en préalable à toute attribution d'une grande compétition sportive. Si ce modeste pas dans la bonne direction était fait, alors cette Coupe du monde au Qatar n'aurait pas totalement servi à rien. Dans cet espoir, et avant cela, il y a cet événement à vivre fin 2022. Coûte que coûte… Vaille que vaille… Les observateurs ont fait leur part. La balle est plus que jamais dans le camp des acteurs. C'est à eux de rendre hommage aux vrais héros de cette Coupe du monde de la honte : ces millions de travailleurs dont l'honneur doit être rétabli, dont les louanges doivent être chantées. Au moins ceux qui ne sont pieds, poings et portefeuilles liés, directement ou indirectement, avec le pays organisateur.

Au fil des ans, ce dernier a su tisser une impressionnante toile d'« ambassadeurs » : Guardiola, Messi, Wenger, Neymar, Zidane, Eto'o, Mbappé, pour ne citer que quelques-uns des plus fameux… Ne comptez pas sur eux pour dénoncer l'inacceptable. Tournez-vous plutôt vers une femme de 40 ans, tout juste élue présidente de la Fédération de Norvège de football : Lise Klaveness. Une avocate en droit du travail, ancienne joueuse internationale. La seule à oser briser l'omerta lors du dernier congrès de la FIFA, le 31 mars 2022 à Doha au Qatar, en prenant la parole à la tribune. « En 2010, la Coupe du monde a été attribuée au Qatar par la FIFA de manière inacceptable et avec des conséquences inacceptables. Il n'y a pas de place pour les employeurs qui ne garantissent pas la liberté et la sécurité des travailleurs de la Coupe du monde. Pas de place pour les dirigeants qui ne peuvent pas accueillir le jeu féminin. Pas de place pour les hôtes qui ne peuvent pas légalement garantir la sécurité et le respect des personnes LGBTQI+. », déclare-t-elle. Les sélections scandinaves sont à la pointe de ce combat. Rejointes par des nations qui ont marqué l'histoire du football comme l'Allemagne, l'Angleterre, les Pays-Bas ou bien encore la Belgique. Louis Van Gaal, sélectionneur des Oranje, a par exemple qualifié de « ridicule » la décision de jouer une Coupe du monde au Qatar. L'international allemand Leon Goretzka, joueur du Bayern Munich, a prévenu : « Nous avons une large audience et nous pouvons formidablement l'utiliser pour envoyer des signaux en faveur des valeurs que nous défendons. »[15]

Les mots comptent, mais les actes plus encore. D'où les initiatives d'Amnesty International pour la mise en place d'un fonds d'indemnisation des victimes qui serait abondé par les coresponsables de cette catastrophe humaine : la FIFA et le Qatar. La demande est précise : « La FIFA devrait réserver un montant qui ne soit pas inférieur aux 420 millions d'euros de primes offerts aux équipes participant à la Coupe du monde,

---

15 Déclaration après le match Norvège-Islande le 25 mars 2021. Romain Houeix (27/03/2021). *Mondial 2022 : la Mannschaft, la Norvège et les Pays-Bas*. Sur France24.com

pour l'investir dans des fonds destinés à financer les réparations. Une telle somme ne représenterait qu'un faible pourcentage des 5,7 milliards d'euros de recettes que la FIFA prévoit d'engranger pour cette édition, et de ses réserves qui se montent actuellement à 1,5 milliard d'euros. » On ajoutera que c'est un montant au moins deux fois inférieur à ce que Neymar a coûté au Qatar pour rejoindre le Paris Saint-Germain... Puisque l'argent a été l'unique moteur de cette folie, il est temps que ceux qui se pavanent, après s'être tant gavés, passent à leur tour à la caisse. Même si, quelles que puissent être les réparations, rien n'effacera les cicatrices de cette Coupe du monde de la honte.

Christian Kabasele

(BEL)

Défenseur international belge (2 sélections), vainqueur du championnat et de la Coupe de Bulgarie avec Ludogorets (2011-2012), finaliste de la FA Cup avec Watford (2018-2019), ancien joueur de KAS Eupen et de KRC Genk, actuellement à Watford.

Q1.

C'est difficile de justifier l'attribution de cette Coupe du monde à un si petit pays dont le climat ne permet pas de jouer en été comme ça a toujours été le cas, et où on s'opposerait clairement à toute manifestation pour soutenir la communauté LGBTQI+. Il n'y a pas besoin d'être un expert du football pour comprendre les raisons de cette attribution. Et malheureusement, ça donne encore une image négative du football, alors qu'à la base, c'est un sport qui doit véhiculer des valeurs de partage.

Q2.

Pour moi, c'est trop tardivement qu'on se pose la question d'y aller ou pas. Il aurait fallu que les fédérations se positionnent sur un éventuel boycott dès l'attribution de la Coupe du monde. Pour les joueurs, c'est délicat. La Coupe du monde a lieu tous les quatre ans – et si l'opportunité se présente d'y prendre part, c'est difficile de refuser. Maintenant, oui, il faut en parler et en discuter, et je crois que chacun a le droit d'exprimer ce qu'il pense sans que le sujet soit tabou.

Q3.

Le monde du football est capable de prendre des décisions radicales concernant les pays qui ont des problèmes avec les droits de l'homme, comme la Russie. Je pense qu'à l'avenir, on devrait peut-être penser à une sorte de charte éthique à laquelle chaque pays qui souhaite organiser un événement devra se plier[16]. Cela permettrait d'éviter ce genre de polémique.

---

16 Nda : la FIFA en a récemment ajouté une à sa constitution.

Vincent Langendries

(BEL)

Journaliste sportif, commentateur des matchs de la sélection belge pour la RTBF.

Q1.

La seule justification possible est celle qui était de faire voyager le plus grand tournoi du monde dans des zones du globe jamais couvertes ou défavorisées sur le plan sportif par rapport aux continents comme l'Europe ou l'Amérique. Le Moyen-Orient, comme l'Océanie, d'ailleurs, sont des zones en jachère. Mais que ce soit le Qatar, pays minuscule, plus petit que la seule Wallonie, qui décroche la timbale a surpris tout le monde. Le régime politique, les droits de l'homme, le déplacement en hiver... Jamais on n'aurait pu imaginer aller là-bas. Jamais on n'aurait dû aller là-bas. Seul le pouvoir de l'argent a fait la différence, et ça, c'est totalement injustifiable. Discours bisounours, peut-être, mais tellement vrai.

Q2.

Désormais, y aller, il le faut. Boycotter l'événement en tant que média n'est pas l'approche que je préconise. Il faut précisément s'y rendre pour faire peser sur le Qatar le poids de tous les médias internationaux qui couvriront la Coupe du monde. Au-delà du sport en tant que tel et des matchs couverts, chaque membre de la presse pourra investiguer, expliquer, dénoncer ce qu'il y a à dénoncer. Et ne surtout pas fermer les yeux et la bouche sur les dessous de cette Coupe du monde.

Q3.

La leçon pour l'avenir quant à l'attribution d'un tel événement, c'est d'être inflexible quant aux critères démocratiques qui animent le pays candidat. Et surtout être inflexible si des faits de corruption lors du vote sont démontrés. Je dirais même qu'en cas de doute, le monde du sport devrait faire pression pour retirer immédiatement la candidature, quitte à décaler la Coupe du monde d'un an pour permettre à une autre entité d'organiser la compétition.

Bouli Lanners

(BEL)

Auteur, comédien et metteur en scène, couronné quatre fois par les Magritte, deux fois en tant qu'acteur, deux fois en tant que réalisateur.

Q1.

Je ne suis pas un spécialiste du foot, mais quand on voit son histoire, il y a quand même eu un glissement. C'est devenu une immense machine commerciale qui a permis au Qatar de solliciter l'organisation de cette Coupe du monde. Et, surtout, qui lui a permis de l'obtenir. On sait que le Qatar est dans une forme de séduction avec comme arguments des transferts d'argents hallucinants. Pas que dans le sport, il achète aussi beaucoup dans l'immobilier. Ce qui fait qu'on banalise le mot Qatar. Idem dans les stades avec la publicité pour Qatar Airways. Ou sur les maillots. Ils se foutent de gagner de la thune avec ça. Ce qu'ils veulent, c'est de la notoriété.

Il ne faudrait pas oublier que c'est un État islamiste. C'est la DST et les services de renseignements qui le disent. Ce n'est pas un pays hyper cool. Même si les gens vont là-bas en vacances, ce n'est pas le Club Med. Le Qatar met de l'argent dans le terrorisme[17]. Je ne peux plus imaginer l'hystérie collective qu'il y

17 Nda : le Qatar a fait l'objet de nombreuses accusations quant à sa relation avec des organisations que certaines agences, ou certains pays, accusent d'actes de terrorisme. Les pays voisins du Qatar lui reprochent entre autres le soutien prodigué aux Frères musulmans, dont certains dirigeants ont longtemps vécu exilés dans l'émirat (ce fut l'une des raisons qui poussèrent quatre de ces pays – l'Arabie Saoudite, les Émirats arabes unis, l'Égypte et Bahreïn – à rompre leurs relations diplomatiques avec le Qatar en 2017). L'un des religieux les plus influents des Frères musulmans, aujourd'hui âgé de 96 ans,

aura au Qatar. Ce pays qui finance le terrorisme alors que, par exemple, ma filleule était dans la voiture de métro qui a explosé à la station Maelbeek à Bruxelles. C'est une miraculée, mais elle est marquée à vie. Il y a une limite que je ne peux plus franchir. Comment peut-on cautionner ça ? Si on a un peu de recul géopolitique sur le foot, on ne peut pas être d'accord. Le prix humain, écologique et moral n'est pas acceptable.

Avant, pour justifier l'organisation des Jeux olympiques ou d'une Coupe du monde dans certains pays, on disait : « Il faut dissocier le sport de la politique. La compétition sera une forme de trêve. » Maintenant, ce n'est plus possible. Quand le Qatar joue ce jeu de séduction à travers le sport tout en finançant des réseaux terroristes, on ne peut pas dire que le sport est dissocié de la vie politique. Je suis d'accord pour dire que quand c'est les États-Unis, ce n'est pas acceptable non plus. Je suis d'accord aussi qu'en Belgique, quand tu vas à la prison de Forest, là non plus on ne respecte pas les droits de l'homme. Mais ici, on va un pas plus loin. Le Qatar est un pays esclavagiste. Il y a eu des milliers de morts, on construit des stades qui ne serviront que le temps de la compétition dans un environnement qui n'est pas fait pour ça. On ne peut plus nous dire : « Tu ne rentres plus avec ta voiture dans Bruxelles », si on cautionne la Coupe du monde au Qatar. Ça n'a pas de sens. Il faut rester un minimum cohérent. Dans l'histoire du sport, il n'a jamais été dissocié de la politique. Déjà chez les Grecs, le sport était extrêmement politisé. Ce n'est pas une bonne chose. Ça nourrit les nationalismes. Moi je préfère le foot dans les petits clubs. Là au moins c'est complètement dépolitisé. On peut passer d'un film de Costa-Gavras à Don Camillo. Et moi j'aime bien Don Camillo.

Youssef al-Qaradawi, vit toujours à Doha. Le Qatar a aussi été accusé de soutenir Hamas, ainsi que le Front al-Nusra, lié à Daesh, acteur de premier plan dans la guerre civile en Syrie jusqu'en 2017, quand il fusionna avec d'autres groupes islamistes pour former Hayat Tahrir al-Sham.

Q2.

Faut pas y aller. Faut arrêter les transhumances. C'est comme le Festival de Cannes. Il y a des mecs qui viennent d'autres villes françaises en avion, qui rentrent chez eux le week-end puis reviennent le lundi. Faut arrêter ça. Ça pollue. Et à l'hôtel, ils mettent la clim à fond parce qu'il fait 40 °C. Il ne faut pas y aller, rien que pour ça. En plus, en y allant, vous cautionnez quelque chose qui politiquement et moralement est inacceptable. Ne regardez même pas la TV. Allez voir votre petite équipe de quartier ou de village, puis allez boire des coups dans les bistrots. En plus, comme tous les autres regarderont la Coupe du monde, il n'y aura personne dans les rues. Vous pourrez y aller à vélo.

Pour les joueurs, c'est autre chose. Déjà, ce sont des gamins. Quand tu les vois sur un terrain, ils ont l'air vieux, mais ce sont des jeunes. Des jeunes qui vivent depuis toujours dans un milieu dans lequel on ne parle absolument pas de ces problèmes. Je ne pense pas qu'on parle de l'implication politique du Qatar dans le foot dans les vestiaires après les matchs. Eux ne sont pas du tout politisés. Il faudrait un rôle d'éducation, qu'ils se rendent compte dans quel monde ils vivent. Qu'ils sachent qu'il n'y a pas que le fric qui compte. C'est très bien, ils mettent leur famille à l'abri. Mais avoir de l'argent n'empêche pas qu'on puisse avoir une conscience politique. Il faut que quelqu'un leur ouvre les yeux, mais je pense que personne n'a envie de le faire.

Idem pour les journalistes. À un moment donné, le monde doit avoir un réveil. La frénésie du foot n'excuse pas tout. Pourquoi le foot peut-il tout se permettre ? C'est quoi le passe-droit ? Parce que c'est une machine commerciale mondiale ? On dirait qu'il est écrit dans l'inconscient culturel des gens : « Parce que c'est le foot, tout est permis. » Non, il ne doit pas être au-dessus des autres citoyens. Il n'y a jamais de débat politique sur le foot dans les émissions sportives. Vous me direz : « Oui, mais les gens n'ont pas envie d'entendre ça. » Pas d'accord.

Q3.

Qu'est-ce qui fait que le foot marche ? C'est que les gens regardent. Ils regardent et font la fête alors qu'ils ne connaissent même pas l'histoire de leur pays. J'ai fait le test, personne ne connaît les paroles de la Brabançonne. Et tout d'un coup, tout le monde est Belge. En fait, c'est le carnaval. Moi ça ne m'amuse pas. Et je ne vais certainement pas regarder le foot au Qatar. Allez vous promener dans les bois, mais ne regardez pas. S'il y a un effondrement de l'audimat, il y aura peut-être une remise en question.

Steven Laureys

(BEL)

Médecin, écrivain, professeur d'université, neurologue au CHU de Liège, neurobiologiste, directeur de recherche auprès du Fonds national de la recherche scientifique à l'Université de Liège.

Q1.

Je préfère toujours garder une vision positive. On vit dans un monde capitaliste capable de donner le meilleur et le pire. Les personnes à qui on donne un pouvoir ont tendance à changer. C'est difficile d'expliquer scientifiquement pourquoi les « alpha male », ceux qui sortent du troupeau, abusent parfois du pouvoir qui leur a été donné. On n'a peut-être pas suffisamment appris. Qu'est-ce que l'éthique ? Il y a bien la religion qui a donné une réponse : « Il faut faire le bien sinon on va en enfer. » Mais elle prend moins de place. On est dans un système où l'on pousse les jeunes à apprendre, dans un système rationnel où l'on met essentiellement l'accent sur la connaissance et peut être plus assez sur les valeurs. Je pense qu'on pourrait changer cela en donnant un peu moins d'importance à l'intérêt financier et le supposé bonheur qui en découle. Si l'on accepte la corruption, c'est parce que l'on pense que l'argent qui en découlera nous rendra plus heureux.

À l'heure du numérique et des technologies, le défi est de nous reconnecter avec notre propre humanité. Nous ne sommes pas des ordinateurs. Un ordinateur n'a pas de valeurs. Il ne peut pas être corrompu puisqu'il utilise les algorithmes sans aucune pensée. L'homme, lui, a des émotions. Il y a beaucoup d'amour sur cette terre. Le football en génère. Il développe de belles valeurs. Le collectif, l'échange avec les supporters. Mais il y a aussi des hooligans. Il y a toujours un revers à la médaille, mais je pense qu'il y a beaucoup plus de bien que de mal sur cette Terre. L'actualité récente, avec la Covid et la guerre en Ukraine, a montré qu'il y avait encore beaucoup de solidarité.

Il y a évidemment des scandales. C'est très bien qu'on les dénonce. La démocratie permet cela. Il y a des solutions. On doit apprendre de ces scandales qui, et c'est la bonne nouvelle, ont été identifiés. J'espère que cela permettra d'être plus transparent. Je pense que, malgré toutes les guerres et les corruptions de notre époque, il y en a moins qu'il y a cent ans ou mille ans.

D'un point de vue neurologique, l'homme, qui est le résultat de milliers d'années d'évolution, qui est en permanence en tentative de s'adapter à cette réalité qui change sans cesse, est un animal social qui doit collaborer. Les modélisations ont montré qu'à long terme, être purement égocentrique n'est pas une bonne idée. Mais, parfois, certains pensent que ça peut être intéressant de tricher, de mentir. Pourtant, dans le cerveau, il y a des réseaux de neurones miroirs. Quand quelqu'un corrompt ou fait du mal, il a mal aussi. On n'est pas tous des Mère Teresa, des Père Daniel ou des Gandhi. Nous, on fait ce qu'on peut. Il faut savoir que dans le cerveau, il y a des systèmes de récompense. C'est pour ça qu'on va dans les casinos, qu'on joue au Lotto, qu'on consomme des drogues. Pour créer des dopamines qui apportent la satisfaction. Mais c'est souvent à court terme. Les études montrent qu'il n'y a pas de corrélation entre l'état très (trop) bien garni de notre compte en banque et le bonheur. Elles montrent que le bonheur est là dès que notre argent permet d'assurer les nécessités de base. Ceux qui en veulent toujours plus montrent des signes de dépression et même des idées suicidaires.

Cela dépend aussi de l'aspect culturel. Je travaille aussi en Chine et là on constate qu'il y a plus l'appréciation de la globalité. Il faut trouver le juste milieu. C'est difficile de séparer complètement football et politique, mais il faut exprimer notre ressenti à ces pays-là. Toujours dans le respect parce qu'il ne faut pas oublier que nous avons le biais de l'homme blanc avec les valeurs de nos sociétés. Il ne faut pas avoir l'arrogance de dire : « Moi je sais mieux et à partir de maintenant on va faire comme ça. » Il y a les traditions qui sont différentes des nôtres. Il faut aussi apprendre à écouter. Mais il y a quand même les droits de l'homme qui me semblent être universels. « Ne fais pas à l'autre ce que tu ne voudrais pas qu'on te fasse » reste une valeur essentielle. Même si je pense qu'on évolue vers un meilleur monde, il faut rester vigilant.

Q2.

Il faudrait poser la question aux joueurs. Mais c'est vrai qu'on pourrait espérer un peu plus d'engagement de leur part. Ils ont, de par leur position, la possibilité d'influencer un très grand nombre. Par exemple, je dis bravo à Bono qui va chanter dans le métro en Ukraine. Lui aussi, comme les grands footballeurs, est très riche, mais il fait le geste. Il prend un risque pour essayer d'éveiller les consciences. Comme je dis bravo à Muhammad Ali qui, en prenant des positions fortes, savait qu'il allait perdre beaucoup ; mais il l'a fait. Et il a payé pour cela. Il faut des héros pour inspirer le monde. Les médias ont un très grand rôle à jouer aussi. Ils l'ont déjà fait en dénonçant la corruption. Il faut du courage. Il faut trouver un équilibre entre ce que je peux dire ou pas pour ne pas perdre mon job. Mais tant pour les joueurs que pour les journalistes, le fait de se poser la question est déjà un très bon début.

Q3.

Comme dit souvent mon épouse qui est psychologue : « Du mal peut surgir le bien. » Je suis donc optimiste. Je pense que c'est l'éducation qui peut changer les choses. C'est clair qu'avoir un Trump président du pays le plus puissant du monde, ce n'est pas un exemple pour la jeunesse. Les gens de pouvoir ont une responsabilité. Ils doivent être exemplaires. À l'école, on apprend à lire, à compter, la géographie, le latin. Je pense qu'il serait bon aussi d'apprendre les valeurs. Et surtout, pas seulement d'un point de vue purement théorique. Il faut la pratique aussi. Il faut encore plus apprendre aux jeunes ce qui est bien et ce qui est mal. Leur montrer par l'exemplarité que c'est mieux d'être honnête. Que c'est mieux d'exprimer ses émotions, ses besoins. Que faire du bien procure du bien. Descartes a dit : « Je pense donc je suis », mais il ne faut pas oublier qu'on « ressent » aussi.

Thibaut Leplat

(FRA)

Philosophe de formation, écrivain et journaliste de football, membre de la rédaction du magazine So Foot, *collaborateur d'Eurosport France et de RMC.*

Q1.

Le choix du Qatar s'explique assez bien. Il y a les influences sportives, économiques, politiques, qui permettent de comprendre assez rapidement comment la désignation a eu lieu. En 2010, le contexte n'était pas le même et l'idée d'une Coupe du monde organisée dans un pays arabe pouvait se comprendre. L'influence économique du Moyen-Orient (et du Qatar en particulier) est considérable depuis 10 ans. On a pu constater combien le centre de gravité du football s'est déplacé de l'Europe vers les pays du Golfe. C'est une tendance lourde qui s'est encore confirmée récemment avec le rachat de Newcastle par le fonds souverain saoudien. Donc, si l'on veut expliquer cette désignation, on peut le faire assez clairement.

Mais faut-il l'expliquer ou l'excuser ? Là est tout le problème. On se rend compte avec cette Coupe du monde (et les événements récents en Ukraine) de la dépendance excessive du football européen à l'égard des monarchies du Golfe ou du poutinisme. Fallait-il désigner le Qatar et la Russie ? Ce qui est sûr, c'est qu'il n'y a pas de critère démocratique contraignant pour désigner le pays organisateur d'une compétition. C'est un problème moral avant d'être politique. Et si l'on s'intéresse à la question morale, alors l'étendue de nos compromissions est vertigineuse. Pas sûr que la lucidité nous serve à agir mieux.

Q2.

On a joué en Argentine en 1978 alors qu'on torturait à quelques centaines de mètres du Monumental. On a organisé les Jeux olympiques à Pékin en 2008, en 2022. On – la France – a gagné une Coupe du monde en Russie en 2018. Gazprom est depuis des années le sponsor principal de l'UEFA. Bref, les compromissions sont vertigineuses, telle est la réalité. Pour autant, fallait-il renoncer à aller au Qatar ? Le meilleur moyen d'éviter que ce genre de désignation ne se répète, c'est d'enquêter en profondeur sur le mode de désignation et les critères employés. Pour le reste, la « belle âme » préférera toujours rester enfermée chez elle au nom d'une vision plus pure du monde. Elle préférera la totalité de rien à la moitié de quelque chose. Pour ma part, j'estime que de mettre sur la table la question des droits humains, des conditions de travail sur les chantiers, du mode de désignation est plus intéressant que l'indignation automatique et le rejet en bloc. Bien sûr qu'il faut en parler. Bien sûr que ce sont des sujets difficiles. Nous ne sommes pas naïfs. Mais nous vivons dans le réel. Et le réel, qu'on le veuille ou non, c'est compliqué. J'ai la naïveté de penser qu'un événement de ce type pose plus de questions et de problèmes aux régimes qui les organisent plutôt qu'il n'en résout pour eux. Le gouvernement du Qatar a été contraint de se prononcer publiquement sur son code du travail ou sa législation sur l'homosexualité, par exemple.

Q3.

Elles sont multiples. D'abord, on doit se poser la question de la gouvernance de la FIFA et du mode de désignation. Ce n'est pas propre à la FIFA, le CIO est confronté au même problème. Il y a d'un côté une demande d'événements sportifs. De nouveaux marchés s'ouvrent, le football s'étend. Mais de l'autre, le régime démocratique semble séduire de moins en moins de monde et l'Europe semble de plus en plus marginalisée. N'oublions pas que l'universalité du football nous dépasse complètement. Il peut être joué, organisé, mis en scène en démocratie comme en dictature. Il n'est pas, en lui-même, un outil de démocratisation.

Ensuite, l'Europe doit absolument se poser la question de l'intérêt général sportif. Si elle veut protéger son modèle de compétition, ses clubs, son patrimoine, elle doit inventer de nouveaux modes de régulation du football. Le risque, c'est de se transformer en musée et de finir par folkloriser nos clubs en les réduisant à des œuvres caritatives de milliardaires en mal de bonne conscience. À titre personnel, je pense que le football doit être reconnu comme patrimoine culturel de l'Europe et bénéficier à ce titre d'une régulation particulière. La maîtrise des budgets est une bonne voie. Peut-être faudrait-il revenir également sur l'arrêt Bosman et tâcher de reterritorialiser les clubs.

En somme, la controverse sur Qatar 2022 ne nous a rien appris de nouveau, si ce n'est notre dépendance aux capitaux, l'étendue de nos compromissions pour les obtenir et la fragilité de notre modèle.

Paolo Lombardi

(ITA)

Avocat du sport italien basé à Édimbourg, directeur exécutif du cabinet Lombardi Associates, précédemment vice-président de la Commission du statut des joueurs à la FIFA, puis Chef de la Commission de Gouvernance et de discipline de la FIFA (2007-2010).

Q1.

Je ne suis pas dans une position qui me permet de faire des commentaires sur l'intégrité du processus de candidature et ne peux pas contribuer grand-chose au débat sur le bilan du Qatar en matière de droits de l'homme non plus – mais je dois reconnaître que ce devrait être l'un des critères pris en compte dans l'évaluation des dossiers de candidature.

Cela dit, j'ai la conviction que l'un des objectifs des instances mondiales du football devrait être d'amener le football au monde entier, y compris dans ces régions qui n'ont pas qu'une histoire modeste dans le football. Pensez aux Coupes du monde aux USA, au Japon et en Corée et en Afrique du Sud, par exemple, dont quelques-unes ont été de grands succès et ont laissé un legs durable. Je dois aussi mentionner que si le Qatar n'a pas l'histoire footballistique de la plupart des pays d'Europe et d'Amérique du Sud, il n'en demeure pas moins un pays de football. Les deux dernières décennies ont vu la fédération qatarie devenir de plus en plus professionnelle et activer beaucoup de programmes de développement, y compris au niveau des racines de ce sport.

Q2.

Je ne vois aucune raison de ne pas prendre part à la Coupe du monde si on est un supporter ou si on travaille dans le football, sauf si on est un supporter de l'Italie, bien sûr, auquel cas... Je ne crois pas que nous autres, « gens du football », devions en faire des tonnes sur le fait que le Mondial se jouera en hiver non plus. Aussi ennuyeux que ce puisse être pour le football de club, c'est quelque chose de nouveau, et la nouveauté ne doit pas nous faire peur. Les stades sont localisés de telle sorte que les fans pourront assister à plusieurs matchs le même jour, là aussi pour la première fois. Voyons comment ça se passe, et tirons-en les conclusions, voilà ma façon de voir les choses.

La seule raison qui me vienne à l'esprit pour ne pas aller au Mondial ou ne pas le suivre est si l'on n'est pas intéressé par le football international de sélections, peut-être parce que le statut et l'idée même de ce qu'est une équipe nationale ont changé si drastiquement au cours des décennies passées, dans un monde qui ne cesse d'évoluer. Mais j'imagine que ce serait là le sujet d'un autre livre.

Q3.

Pour ce qui est de la leçon qu'on peut tirer de la controverse autour de la Coupe du monde au Qatar, j'espère que la FIFA l'aura retenue – quelle que soit cette leçon. Mon attente, en tant que professionnel du football, est qu'à l'avenir le processus de candidature soit caractérisé par la qualité, l'originalité et la nature innovante des dossiers des candidats.

Miguel Maduro

(PT)

Ancien avocat général à la Cour européenne de justice (2003-2009), ministre portugais du Développement régional (2013-15) et président de la Commission de Gouvernance de la FIFA (2016).

Q1.

Je confesse que je ne suivais pas ce dossier d'aussi près à l'époque où la Coupe du monde fut attribuée au Qatar ; mais j'ai évidemment lu sur la question depuis, sur les allégations et sur les preuves d'actes répréhensibles. Les deux éléments qui ont ébranlé la légitimité du processus sont le manque de confiance en son intégrité et le manque de garanties en matière de protection des droits de l'homme, des droits des ouvriers sur les chantiers aux droits des supporters et des athlètes qui participeront à l'événement. On devrait se concentrer aujourd'hui sur les leçons à en tirer.

Q2.

Je ne suis pas naïf ou idéaliste au point d'avancer que seules les démocraties qui respectent les normes les plus strictes en matière de droits de l'homme devraient avoir le droit d'organiser des compétitions sportives. Et je serais même prêt à admettre que ces compétitions sportives peuvent contribuer à promouvoir positivement ces valeurs dans des pays auxquels elles sont normalement étrangères. Cela dit, pour que ce soit le cas, la compétition sportive elle-même devrait se tenir dans un contexte qui respecte ces valeurs, et devenir une vitrine pour elles. Autrement dit, les organisations sportives devraient exiger des organisateurs de tels événements qu'ils s'alignent sur certaines normes de gouvernance et de respect des droits de l'homme dans tous les aspects de la compétition elle-même. Simultanément, ceci pourrait faire office d'introduction à ces valeurs dans ces pays. En faisant cela, les instances sportives ne feraient que demander que leurs propres compétitions soient organisées et se déroulent d'une manière conforme aux valeurs qu'ils proclament être incarnées dans le sport. En ne le faisant pas, elles permettront à certains régimes de détourner le sport au bénéfice d'agendas politiques contraires aux valeurs énoncées dans les statuts des instances sportives.

Q3.

Comme je l'ai déjà dit, il faut renforcer l'intégrité du processus d'attribution et introduire une clause de conditionnalité relative au respect des droits de l'homme pour les organisateurs de compétitions sportives. Cette clause fut d'ailleurs incluse dans la Politique des droits de l'homme de la FIFA qui avait été proposée par la Commission de Gouvernance dont j'étais le président. Le problème est que de telles règles et tels standards ne suffisent pas si vous n'avez pas d'institutions indépendantes – et reconnues comme telles ! – pour les faire respecter. Or, ceci demeure un problème généralisé dans le sport. Dans beaucoup de cas, le problème n'est pas l'absence de règles ou de normes (y compris en matière de droits de l'homme), mais le manque d'institutions indépendantes capables de vraiment les protéger dans le contexte du sport.

Pierre Maes

(BEL)

Avocat de formation, auteur de *Le business des droits TV du foot* (2019) et de *La Ruine du foot français* (2022), ancien spécialiste de l'acquisition de droits TV pour Canal+ et Telenet.

Q1.

Tout d'abord, une mise en contexte est nécessaire. Le 2 décembre 2010 à 14 heures, le Comité exécutif de la FIFA se réunit au siège de la confédération à Zurich. Il doit procéder à deux votes devant désigner les pays organisateurs des Coupes du monde 2018 et 2022, après avoir assisté aux présentations des comités des pays candidats dans la matinée. 24 membres composent habituellement ce Comité, mais ce jour-là ils ne sont que 22. Deux d'entre eux, Amos Adamu (Nigéria) et Reynald Temarii (Tahiti) ont été suspendus par la FIFA quelques semaines auparavant. Piégés par des journalistes du *Sunday Times* se faisant passer pour des représentants des pays candidats, ils leur ont fait connaître leur prix pour voter en leur faveur, respectivement 800 000 dollars et 2,3 millions de dollars. Les enregistrements des conversations filmées en caméra cachée par les journalistes ont été envoyés à la FIFA et cette dernière n'a eu d'autre choix que d'écarter les deux honorables membres. Parmi les 22 membres présents ce jour-là, on retrouve, outre les représentants de diverses fédérations, quelques têtes connues comme Michel Platini, Sepp Blatter, Franz Beckenbauer ou Michel D'Hooghe, l'ex-président de la fédération belge. Douze voix sont nécessaires pour l'emporter. Si ce total n'est pas atteint, on procède à un deuxième tour après avoir éliminé le pays candidat qui a recueilli le moins de voix, et ainsi de suite, jusqu'à ce qu'un vainqueur se dégage.

Les 22 membres du Comité commencent par le vote relatif à la Coupe du monde 2018. Il ne faut que deux tours pour que la Russie s'impose, face notamment à l'Angleterre archifavorite, mais humiliée comme jamais. Avec ses deux votes, elle ne franchit même pas le premier tour. La candidature commune belgo-hollandaise donnée perdante à tous les coups fait mieux qu'elle avec ses quatre voix. Ensuite, le Comité s'attaque à 2022. Quatre tours seront nécessaires pour que le Qatar soit désigné à la surprise générale, battant largement le favori, les États-Unis. Cette réussite est l'œuvre d'un homme, Mohamed Bin Hammam, un milliardaire qatari, Vice-Président de la FIFA, Président de l'AFC (= l'UEFA asiatique) et lui aussi membre du Comité exécutif[18]. Le livre *The Ugly Game*, traduit en français *L'homme qui acheta une Coupe du monde – Le complot qatari*, décrit avec précision comment l'homme s'y est pris pour soudoyer ses collègues du Comité exécutif et arracher la décision en faveur du Qatar. Quelques mois seulement après le vote du Comex, il est candidat à la présidence de la FIFA contre Sepp Blatter et voit ses méthodes se retourner contre lui : accusé d'avoir voulu acheter des votes pour l'élection présidentielle (où toutes les fédérations du monde entier sont appelées à voter) en distribuant des enveloppes contenant 40 000 dollars aux responsables des fédérations caribéennes, il est banni à vie par la FIFA en juillet 2011. Sur les 22 membres ayant participé au vote attribuant la Coupe

---

18 Nda : cette lecture du rôle de Mohammed bin-Hammam n'est pas partagée par tous. D'autres estiment que le président de l'AFC ne soutint la candidature de son pays que sur le tard, sur ordre exprès de son émir, et que les nombreux « dons » avérés qu'il fit à de multiples dirigeants de fédérations avaient pour but premier de promouvoir sa candidature au poste de président de la FIFA en 2011.

du monde au Qatar, 16 ont été radiés, suspendus ou inquiétés à divers titres.

La Coupe du monde 2022 n'aurait jamais dû être attribuée au Qatar. Elle n'a pu l'être que par une gigantesque opération de corruption visant les membres du Comité exécutif. Ces derniers se sont assis sur les rapports techniques établis par les services de la FIFA qui ont délivré la moins bonne note au Qatar, sur les 9 candidatures reçues par la FIFA pour 2018 et 2022.

Q2.

Maintenant que la compétition aura bien lieu là-bas, on ne trouvera sans doute aucune fédération, aucun joueur, aucun supporter ou aucun dignitaire qui décidera de ne pas y aller, malgré les questions sur le respect des droits humains et du travailleur dans le micro-État. Les joueurs sont les premiers à courir après l'argent. Il y en aura peut-être un qui communiquera sur le sujet, mais l'argent reste leur préoccupation première. Si on t'invite au Qatar, c'est presque impossible de dire non. Avec son argent, le Qatar peut tout s'offrir. Quel journaliste va dire : « Je n'y vais pas à cause des droits humains » ? Il n'y a pas une personne qui va dire « je n'y vais pas ». Tout le monde sait qu'ils y seront bien reçus.

Q3.

Le sport en général et le football en particulier n'ont jamais été très regardants sur l'origine de l'argent qui leur pleut dessus et les motivations des bailleurs de fonds. Le football est par conséquent devenu un terrain privilégié pour le *sportwashing*, technique utilisée par de nombreux États au régime autoritaire pour camoufler leur non-respect des droits humains. 2022 sera à n'en pas douter un excellent cru pour l'exercice, avec les Jeux olympiques de Pékin et la Coupe du monde au Qatar. Et depuis quelques années, l'Arabie Saoudite participe à la fête avec l'organisation de nombreux événements sportifs sur son sol (Grand Prix de Formule 1, Super Coupe de football d'Espagne et d'Italie, etc.) et la spectaculaire acquisition en octobre 2021 du club anglais de Premier League, Newcastle United. Dans l'état actuel des choses, rien ne va changer. Avec les gens qui sont en place aujourd'hui, rien ne changera. Je serai mort avant que le critère des droits humains soit pris en compte pour les attributions de Coupe du monde.

Roberto Martínez

(ESP)

Entraîneur de la sélection belge depuis 2016, troisième de la Coupe du monde de 2018, vainqueur de la FA Cup avec Wigan Athletic (2013), entraîneur de l'année en Angleterre (2013) et en Belgique (2018).

Q1.

J'ai fait l'expérience de la Coupe du monde en Afrique du Sud avant de devenir sélectionneur de la Belgique. J'en ai fait l'expérience au Brésil, et j'ai vécu deux championnats d'Europe. Et je me suis rendu compte que le football permettait de rencontrer des cultures différentes. Le football est un rassembleur. Nous voulons tous jouer, gagner, célébrer. Et c'est ça que devrait être la Coupe du monde. À cause de cela, je n'ai jamais eu d'opinion tranchée sur l'endroit où elle devrait avoir lieu, car elle devrait avoir lieu partout. Bien sûr, nous savons tous qu'il y a eu de grosses histoires de corruption autour de l'attribution du Mondial en 2010, mais ça, c'était alors. Des gens ont payé pour ça[19], pour ce qu'ils avaient fait de mal. Il y a eu de gros changements à la FIFA. Aussi, pour nous, la Coupe du monde aura lieu au Qatar, et nous devons en faire un aussi grand succès que possible.

19 Nda : Roberto Martinez doit faire allusion aux deux membres du Comité exécutif de la FIFA qui furent suspendus avant le vote du 2 décembre 2010, Amos Adamu et Reynald Temarii, car aucun de ceux qui prirent part à ce vote ne fut poursuivi ou condamné pour leur rôle dans l'attribution des Mondiaux de 2018 et 2022 à la Russie et au Qatar, quand bien même la justice américaine affirma dans un acte d'accusation de 2020 qu'au moins trois d'entre eux (le Brésilien Ricardo Teixeira, le Paraguayen Nicolas Leoz et l'Argentin Julio Grondona) avaient reçu de l'argent des Qataris en contrepartie de leurs voix.

Notre approche consiste surtout à écouter les experts, et je ne suis pas un expert en droits de l'homme, ou sur la façon dont les travailleurs étrangers sont traités au Moyen-Orient. Nous avons deux solutions. On boycotte ? C'est très facile, et politiquement correct. Ou nous allons plus loin, et nous écoutons les experts. Ces experts, pour nous, sont Amnesty International et les syndicats belges. Et ces experts nous disent que la Coupe du monde peut être une plateforme fantastique pour améliorer les choses, et je suis à fond pour ça. Servons-nous du football. Ma vie entière tourne autour du football. J'ai vécu dans trois pays différents à cause du football. C'est ma position, et c'est celle de la fédération : nous écoutons les avis de tous, qu'ils soient pour ou contre. Nous essayons d'apprendre ce que nous pouvons faire grâce au football, en nous servant de ce qu'ils pensent pouvoir être utile. Nous savons maintenant que, depuis deux ans, beaucoup de choses positives se sont mises en place sur le plan des droits de l'homme et des travailleurs au Qatar. Pour moi, c'est une façon très intéressante de se servir du football pour une très, très bonne cause. On a construit huit stades très beaux à Doha, en respectant les principes de durabilité : l'un de ces stades deviendra une université. Pour moi, c'est la beauté du football : on peut s'en servir pour stimuler le changement.

Q2.

Quand nous nous sommes qualifiés, il y a huit mois de ça[20], j'ai posé la question à Amnesty International, via la fédération : est-ce une bonne idée d'aller au Qatar ? Il y avait beaucoup de questions qui se posaient alors, qui étaient notamment posées au nord de l'Europe, en Norvège, en Suède. Et Amnesty nous a dit : « Boycotter, c'est se mettre la tête dans le sable, c'est détourner le regard, alors que le message doit être : nous avons

---

20 Nda : grâce à une victoire 3-1 contre l'Estonie, le 13 novembre 2021.

besoin d'aide et de changement. » Je crois en ce message. Nous ne sommes pas dans une position où nous pouvons dire aux gens ce qu'ils doivent faire. Nous sommes dans une position où nous voulons partager des informations, voilà comment c'était, voilà comment les choses ont changé. Ce qui est nécessaire, c'est de changer les choses, pas de rester chez soi. Je crois que nous avons fait le bon choix. Mais si un de mes joueurs, même si c'était l'un des meilleurs, me disait qu'il souhaitait boycotter le tournoi, je respecterais son choix. Notre rôle n'est pas de dire aux gens ce qu'ils doivent faire. Dans un environnement de football, dans un vestiaire, la seule façon de réussir, c'est quand tout le monde s'engage à fond.

Q3.

Dès que l'argent joue un rôle, il y a un danger. Les humains sont cupides. L'argent peut nous égarer. Nous avons beaucoup souffert de la corruption et des décisions qui ont été prises autour de 2010, mais, de ce côté, je crois que la FIFA a fait des pas en avant importants. Mes deux leçons seraient : ne jamais accepter quelque chose parce que l'argent le justifierait ; et croire que le football peut être un vecteur de changement positif. Personne n'a tout juste, ou tout faux. Alors écoutons les experts, écoutons ce que nous dit Amnesty International. Les conditions de travail des travailleurs étrangers au Moyen-Orient, c'est quelque chose que nous pouvons influencer, et ça vaut la peine, pour tout le monde, de partager le message. Il y a deux footballs : celui qu'on joue, et celui qu'on vend. Et quand on le vend, ça devient plus compliqué. Ça n'a plus grand-chose à voir avec le football.

Marco Martiniello

(BEL)

Sociologue, docteur en sciences politiques et sociales, directeur de recherche au FRS-FNRS (Fonds national de la recherche scientifique), cofondateur et directeur du CEDEM (Centre d'étude de l'ethnicité et des migrations) à l'Université de Liège.

Q1.

Tout dépend de la logique dans laquelle on s'inscrit.

Si on s'inscrit dans une logique purement sportive, donner l'organisation de la Coupe du monde au Qatar ne se justifie absolument pas. En général, les Coupes du monde se déroulent soit dans des pays de football historiques et confirmés (Italie, Brésil, etc.), soit dans des pays qui ont un potentiel de développement du football important (Afrique du Sud, USA, etc.). Force est de constater que le Qatar n'est ni l'un ni l'autre. Avec ses quelque 3 millions d'habitants, le Qatar compte par définition un nombre très limité d'affiliés pour sa quinzaine de clubs. Sa jeune équipe nationale n'a joué son premier match officiel qu'en 1970. Dire que le Qatar est un pays qui compte sportivement dans le football serait contraire à la vérité. Dire que cette Coupe du monde permettra un développement du football au Qatar et dans la région relèverait au mieux d'un pari hasardeux.

Si l'on se situe dans une logique de protection de l'environnement et du climat, il est totalement insensé, compte tenu des perspectives climatiques et environnementales et des effets que le dérèglement climatique produit déjà, de construire dans le désert de nouveaux stades, qui sont de plus climatisés. Alors que de plus en plus, la population réalise que des changements de ses habitudes de consommation et de vie sont indispensables pour donner une chance à la perpétuation de la vie humaine sur Terre, la Coupe du monde au Qatar nie totalement les recommandations du GIEC[21] et se range donc clairement du côté climatosceptique.

Si l'on considère les logiques géopolitiques, on voit clairement que l'octroi de l'organisation de la Coupe du monde au Qatar participe d'une volonté d'entretenir de bons rapports avec un pays qui investit largement à l'étranger, et pas seulement dans le football comme au PSG. Les plus naïfs ou les plus hypocrites diront que le déroulement de la Coupe du monde dans ce pays pourrait profiter à son développement démocratique. Toutefois, ils peinent à avancer des arguments, simplement parce qu'il n'y en a pas de solides. Au contraire, la Coupe du monde permettra de donner une vitrine mondiale à un régime politique très peu démocratique et très peu respectueux des droits de la personne humaine et notamment des femmes, des travailleurs et travailleuses immigrés. Plus de 6500 travailleurs immigrés, la plupart venus de pays d'Asie, ont ainsi perdu la vie en raison des conditions de travail inhumaines sur les chantiers des stades. La situation proche de l'esclavage des femmes domestiques asiatiques au Qatar et dans les autres pays du Golfe a aussi été dénoncée à de multiples reprises. Organiser la Coupe du monde revient à soutenir un régime fort, raciste et sexiste.

Si on considère enfin la logique économique qui au fond est le nœud de cette affaire, il est clair que cette Coupe du monde, comme toutes les autres, engendrera d'énormes profits pour de nombreuses firmes ainsi que des retombées économiques importantes dans différents pays. Dans une économie basée exclusivement sur la maximisation des profits des grosses entreprises

---

21 Nda : groupe d'experts intergouvernemental des Nations-Unies sur l'évolution du climat.

transnationales, l'organisation de la Coupe du monde au Qatar se justifie. Mais dans un système économique qui prendrait réellement en compte des considérations éthiques et morales, la candidature du Qatar aurait plus que probablement été rejetée.

Q2.

En ce qui me concerne personnellement, je n'irai pas au Qatar, je ne regarderai pas la Coupe du monde à la télévision pour la toute première fois de ma vie et je n'achèterai aucun produit lié à cette Coupe du monde. Elle heurte à un point tel mes valeurs démocratiques et humanistes que je la boycotterai de toutes mes forces. Toutefois, pour répondre à la question de manière plus large, je voudrais distinguer les fédérations, les joueurs, les supporters, les médias, les entreprises et les représentants politiques.

Au niveau des fédérations dont l'équipe est qualifiée, toutes iront au Qatar au nom du mythe de la distinction entre la politique, l'économie et le sport. Or, le football professionnel est un business global dans lequel les considérations géopolitiques et économiques sont centrales. Le seul vrai sport est celui qui se pratique dans les parcs de manière tout à fait ludique. Si quelques grosses fédérations avaient décidé de ne pas participer, la FIFA aurait été dans de sales draps et cette Coupe du monde aurait carrément pu être relocalisée. L'entraîneur de l'équipe belge Roberto Martinez a déclaré que ne pas participer serait un manque de courage. Je pense le contraire, c'est participer sans broncher qui est un manque total de courage.

En ce qui concerne les joueurs, je comprends que la participation à une Coupe du monde est le Graal pour tous. Ici aussi, si quelques vedettes mondiales avaient pris la responsabilité de déclarer qu'elles ne participeraient pas, cette Coupe aurait certainement été remise en question. Je suis certain que des joueurs, probablement une minorité, ont pensé à renoncer à participer. Toutefois, le prix du renoncement leur a certainement semblé trop élevé. D'autres n'ont probablement pas vu de problème, concentrés qu'ils sont sur leur métier, et rien que sur leur métier.

Au niveau des supporters, beaucoup ne s'encombrent pas de principes et iront. D'autres voudraient y aller et devront renoncer pour des raisons économiques, car les prix pratiqués pour s'y rendre s'avèrent élevés dans un contexte de crise mondiale. D'autres enfin, comme moi, soutiendront aussi un boycott. Nous sommes chacune et chacun devant notre conscience et il ne m'appartient pas de juger.

Quoi qu'il en soit, cette Coupe du monde sera un événement de grande ampleur que les médias couvriront. Certains journalistes pourraient décider de ne pas y aller. D'autres iront en se contentant de parler de la compétition. D'autres enfin pourraient saisir l'occasion pour parler à nouveau de la démocratie, du racisme et du sexisme à des fins pédagogiques. Ces derniers feraient toutefois bien de s'exprimer à distance du Qatar.

Au niveau des firmes, certaines d'entre elles qui sponsorisent des équipes nationales ont décidé de ne pas être présentes au Qatar pour des raisons morales. D'autres renoncent pour des raisons économiques, dans la mesure où elles prévoient des bénéfices insuffisants. On peut se demander si ce n'est pas le cas des industries liées à l'alcool dont la consommation au Qatar va être fortement régulée.

Enfin, la question de la représentation politique est délicate. Elle est l'occasion de montrer ce qu'est le courage politique. Si vraiment le sport n'a rien à voir avec la politique, on voit mal pourquoi des représentants politiques devraient participer à la Coupe du monde. Mais nous savons que ce n'est pas le cas. Les représentants politiques se trouveront souvent dans un jeu d'équilibriste où il s'agira de ne pas offenser le Qatar tout n'exprimant pas de soutien au régime.

Q3.

Le football et le sport concernent des acteurs multiples et diversifiés qui tireront des leçons différentes de cette controverse autour de l'octroi de l'organisation de la Coupe du monde au Qatar. Certains ne tireront même aucune conséquence de ce qu'ils ne considèrent absolument pas comme un problème.

Je voudrais souligner quatre points :

1. La controverse du Qatar confirme l'hypothèse que le football-business ou le football-spectacle poussent à l'extrême la logique immorale du capitalisme tardif dérégulé qui produit les inégalités et les injustices sociales ;
2. Cette controverse montre l'écart entre les discours et les valeurs d'un côté et les pratiques de l'autre. D'un côté, les autorités du football mondial proclament les vertus de la lutte contre le racisme et le sexisme. De l'autre, elles accordent l'organisation de la Coupe du monde à un régime politique raciste et sexiste ;
3. La FIFA reste une boîte noire qui continue à privilégier ses propres règles internes de fonctionnement au détriment des lois générales de la vie en société ;
4. Les autorités du football mondial devraient prendre garde à ne pas tuer la poule aux œufs d'or. Beaucoup de jeunes se détournent de ce sport dans plusieurs pays, dont l'Allemagne. Beaucoup de supporters ne reconnaissent plus leur sport populaire et s'en éloignent aussi.

Être Qatari sans l'être

Le sort des joueurs qui représentent le Qatar dans les compétitions internationales

Le Qatar n'est pas le seul pays dont les couleurs sont défendues par des joueurs qui ne sont pas nés sur son sol, loin de là. L'Irlande se sert depuis longtemps de la « règle des grands-parents » qui a permis à tant de footballeurs anglais de jouer pour sa sélection – à condition qu'ils trouvent au moins un aïeul irlandais dans leur arbre généalogique. De la même manière, le Brésilien Diego Costa a pu jouer pour l'Espagne au Mondial de 2018, et un autre Brésilien de naissance, Jorginho, être l'un des piliers de l'équipe d'Italie qui remporta l'Euro 2020. On se souviendra aussi de l'ancien attaquant d'Arsenal Eduardo, encore un enfant du Brésil, qui devint l'un des plus grands buteurs de l'équipe de Croatie ; quant au défenseur anglais d'Aston Villa Matty Cash, il a fait ses débuts pour la Pologne en 2021. Pourquoi s'offusquer, alors, si le Qatar lui aussi a fait appel à de la « main-d'œuvre étrangère » pour faire progresser sa modeste sélection ?

C'est que ces Irlandais d'Angleterre et ces Espagnols, Italiens et Croates venus du Brésil avaient tous acquis la nationalité de leur pays d'adoption on ne peut plus légitimement ; alors que pas un seul des « étrangers » qui ont représenté le Qatar (ils étaient dix-sept dans le groupe de vingt-trois joueurs qui remporta la Coupe d'Asie en 2019) n'avait la nationalité qatarie. Certains d'entre eux étaient pourtant nés au Qatar. Comment pareille chose est-elle possible ? Comment la FIFA a-t-elle pu autoriser ce manquement à ses propres règles sur qui est sélectionnable et qui ne l'est pas ?

Première chose : il est quasiment impossible de se faire naturaliser Qatari. Aucune loi n'est prévue à cet effet. Il existe de nombreux cas de personnes dont la famille est basée à Doha depuis trois générations, mais qui n'obtiendront jamais de passeport de l'émirat. Seul l'émir peut accorder la nationalité qatarie, à titre personnel, et exceptionnel, et à pas plus de cinquante personnes par an. Ce qui pose problème quand c'est sur ces Qataris, qui n'en sont pas, que l'émirat se repose pour défendre son honneur dans les compétitions sportives internationales.

La « solution » qu'ont trouvée les autorités est de délivrer un passeport-bis, temporaire, qui permet de voyager à l'étranger sous pavillon qatari… sans en avoir la nationalité, ou les droits qui l'accompagnent. Un tour de passe-passe qui a satisfait la FIFA.

L'euphorie qui avait accompagné la victoire du Qatar dans la Coupe d'Asie de 2019 fit espérer que les dix-sept détenteurs de ce passeport-bis seraient récompensés de leur exploit par l'obtention de la pleine nationalité qatarie.

Trois ans plus tard, ces dix-sept héros attendent toujours.

Felice Mazzu

(BEL)

Entraîneur d'Anderlecht, vice-champion de Belgique avec l'Union saint-gilloise (2021-2022), élu entraîneur de l'année au Soulier d'or (2017 et 2021).

Q1.

La vraie question est de savoir si la Coupe du monde a été donnée ou achetée ; or, en parler de cette manière, c'est déjà y donner une réponse. La Coupe du monde au Qatar a du positif et du négatif. Le positif, c'est le fait que l'on donne à un pays d'Asie l'occasion de se mettre en valeur, d'être mieux connu et mis en lumière. Il y a là-bas des riches et des pauvres : les riches n'ont pas besoin de travailler, ne veulent pas travailler, et donc ce projet de la Coupe du monde a amené du travail et de la main-d'œuvre. Si je ne me trompe pas, malheureusement, le gros point négatif est que la main-d'œuvre n'a pas été donnée aux pauvres, mais aux très pauvres venant des régions et pays en périphérie du Qatar. Tous ces ouvriers ont été exploités financièrement au-delà de l'abus. Les heures nombreuses de travail ont provoqué des morts, des maladies, des accidents. Les pauvres du Qatar sont restés pauvres et les pauvres des régions en périphérie ont été exploités avec les conséquences citées ci-devant. Voilà la grande conclusion et leçon de cette Coupe du monde.

L'autre point négatif est le décalage du tournoi de fin novembre à mi-décembre, ce qui génère des coûts énormes pour les nouveaux stades avec systèmes de refroidissement. De plus, le football européen est impacté avec des calendriers surchargés, des décalages dans les plannings et des périodes de récupération modifiées. La trêve hivernale de janvier sera sacrifiée pour rattraper le retard provoqué par ce Mondial.

Il faut savoir aussi que les défenseurs de l'environnement décrient ce projet, car il génère des dépenses énergétiques significatives. Les climatiseurs dans les nouveaux stades sont responsables d'une hausse des températures dans les centres urbains puisqu'ils rejettent à l'extérieur la chaleur qu'ils ont pompée à l'intérieur.

Q2.

La question doit être posée, car le boycott qui a été envisagé aurait été une décision tout aussi responsable que la participation au Mondial. La Norvège, par exemple, a été l'annonciatrice d'une révolte en cas de qualification de sa nation. Des actions ont été entreprises sous différentes formes, comme des appels au respect des droits de l'homme par rapport aux conditions de travail. Heureusement ou malheureusement pour le football, aucune fédération d'équipe qualifiée ne décidera de boycotter la compétition. Et ce malgré tous les problèmes cités plus haut. Il y aura juste des prises de conscience, des prises de paroles citoyennes ou encore des équipes qui porteront des t-shirts. Mais tout s'arrêtera là ! Car une Coupe du monde est un événement trop important pour le football et les médias, sur le plan financier et de l'enrichissement personnel et collectif.

Q3.

Rien, ni le sport ni l'économie, ne peut être au-dessus des droits de l'homme. Même si certains joueurs ont fait des actions symboliques pour demander une prise de conscience des droits humains et demandé à la FIFA d'être plus exigeante par rapport à ce qu'il se passe au Qatar, je ne pense pas que le combat doive être mené par les joueurs. Même si ce sont eux qui sont sur le terrain. Même si une Coupe du monde est importante pour eux et leur valeur marchande. Les responsabilités et les bonnes réflexions doivent venir des fédérations et des gouvernements. L'attribution de la Coupe du monde à un pays désertique a indiqué d'emblée que la priorité était donnée aux profits plutôt qu'aux conditions sociales et environnementales. Les travailleurs migrants ont payé le plus lourd tribut. Ces graves violations des droits de l'homme démontrent la nécessité de se donner des moyens légaux pour prévenir, sanctionner et réparer les atteintes aux droits humains et à l'environnement. Que ce soit lié à une Coupe du monde ou à toute autre activité.

Nick McGeehan

(UK)

Spécialiste des pays du Golfe pour l'organisation de défense des droits de l'homme Human Rights Watch (2012-2017), directeur de la recherche et des projets de FairSquare, une organisation spécialisée dans les questions relatives aux droits de l'homme.

Q1.

Je ne crois pas qu'il soit possible de justifier le choix du Qatar. Comme on le sait, le processus de candidature à l'organisation du Mondial de 2022 était entaché de pratiques corruptrices ; mais je pense surtout aux multiples violations des droits de l'homme qui sont liées à cette Coupe du monde. La reconstruction de Doha qui était rendue nécessaire par l'accueil du tournoi a été la cause de terribles souffrances endurées par les travailleurs migrants qu'on a fait venir au Qatar pour construire l'infrastructure nécessaire à la tenue de la compétition – et par les familles de ceux d'entre eux qui ne reviendront jamais. On parle ici de morts, et à une échelle injustifiable. Les chiffres exacts sont difficiles à établir, mais on peut parler de milliers de morts inexplicables et inexpliquées. Les Qataris savaient pertinemment quels étaient les risques auxquels seraient exposés ces travailleurs migrants, liés à la pollution et à l'environnement dans lequel ils devaient travailler, mais aussi aux conditions du marché du travail dans ce pays, que les autorités ont refusé de réguler correctement – en dépit de preuves irréfutables recueillies au fil des années. Il est justifié d'utiliser le mot « esclavage » dans le contexte qatari : le système en place facilite l'asservissement de ceux qui y sont soumis. Il est pour moi inconcevable et inexcusable qu'on organise une Coupe du monde dans un pays comme celui-là. Le malheur est que les appels au boycott qu'on a lancés plus récemment auraient dû être lancés il y a cinq ans de cela. Il est trop tard pour faire machine arrière maintenant, et on devrait se concentrer sur la manière dont on peut compenser ces travailleurs migrants – et leurs familles – qui ont tellement souffert à cause de cette Coupe.

Q2.

Pour moi, les journalistes doivent se rendre à la Coupe du monde. Mais ils doivent aussi profiter de l'occasion pour continuer de creuser, et mettre en avant les problèmes liés à ce tournoi. En ce qui concerne les joueurs et les délégations officielles des nations participantes, le temps des appels au boycott est passé depuis longtemps. Il n'y aura pas de boycott, et en parler aujourd'hui ne contribuera pas à régler quelque problème que ce soit. Les supporters, eux, doivent se laisser guider par leurs consciences. À eux de décider s'ils doivent prendre part à ce tournoi. En ce qui me concerne, je n'irai pas, même si l'Écosse se qualifiait pour le tournoi. J'ajouterai que ce qui vaut pour le Qatar vaut pour tous les autres pays du Golfe, qu'il s'agisse des Émirats arabes unis ou de l'Arabie Saoudite, et pour les autres compétitions sportives qui se tiennent dans la région.

Q3.

Cette question est la plus difficile des trois. Le football a été kidnappé par des individus, des gouvernements et des institutions qui n'ont pas ses intérêts à cœur. Ces gens s'y impliquent par appât du gain, ou pour en tirer des avantages politiques, comme c'est le cas pour le Qatar ou les Émirats arabes unis. Le football est une vitrine pour eux, qui leur permet de présenter une image et un narratif qui n'ont que peu de rapport avec la réalité, de créer une « marque », en quelque sorte, ce qui, pour moi, est très dangereux. Vous pouvez voir l'impact des violations des droits de l'homme dont ils sont coupables. Nous devrions lutter contre cela, mais la FIFA a une attitude lâche en la matière, et ce n'est pas nouveau. Ce qui est intéressant, et ce que nous devrions examiner de plus près, c'est l'identité de ceux qui ont permis à tout cela d'arriver et d'exister. Je pense par exemple aux compagnies de relations publiques européennes employées par le Qatar. On sait que l'argent sera dépensé presque sans compter pour obtenir le soutien de personnalités qui présenteront – une fois payées – la Coupe du monde au Qatar comme une sorte de tournoi extraordinaire, magique, etc. Je songe aussi à ces grandes organisations qui sont censées représenter et défendre les droits des travailleurs, qui se sont laissé convaincre par le narratif proposé par les Qataris et qui, du coup, en sont désormais partie intégrante[22]. Je me demande si, dans quelques années de cela, on ne se demandera pas comment il se fait que ces grandes organisations, qui auraient dû être du côté des travailleurs, se sont rangées de celui du Qatar, et ont ainsi facilité la tenue du Mondial dans une autocratie.

22 Nda : McGeehan se réfère ici à des organisations comme la Confédération Syndicale du Travail (CST) et l'Organisation Internationale du Travail, une agence de l'ONU, qui, toutes deux, après s'être montrées très critiques du Qatar, sont devenues des interlocuteurs privilégiés et parfois complaisants de l'émirat.

Bonita Mersiades

(AUS)

Autrice, éditrice, ex-intendante de l'équipe d'Australie de football, responsable des opérations de la Fédération australienne de football (2007-2010), membre du comité de candidature d'Australia 2022, lanceuse d'alerte et co-fondatrice de NewFifaNow.

Q1.

Pour répondre en un mot : non. Tout d'abord, je faisais partie de l'équipe de l'un des pays candidats à l'organisation du Mondial de 2022 et je n'ai aucun doute sur le manque d'intégrité du processus de candidature pour les tournois de 2018 et 2022. C'était un processus conçu pour aboutir à un résultat corrompu. Ceux qui finirent par l'emporter, la Russie et le Qatar, n'étaient pas les seuls coupables – j'ai écrit un livre sur la façon dont l'Australie avait essayé de jouer le même jeu[23] –, mais le fait que tous deux aient gagné aussi facilement, et de manière aussi emphatique, est un reflet de la malfaisance des 22 hommes qui ont pris la décision d'attribuer la Coupe du monde à ces deux pays.

Ensuite, lors des douze années qui ont suivi la décision d'attribuer la Coupe du monde de 2022 au Qatar, les progrès qu'ils ont faits en matière de droits de l'homme ont été insuffisants, et trop tardifs. Malgré la mise en place d'une Politique des droits de l'homme en 2016, la FIFA doit elle aussi être condamnée, car elle a échoué à s'assurer que le Qatar respecte cette Politique, et,

23 *Whatever It Takes: The Inside Story Of The FIFA Way*, Cheyenne WY, Powderhouse Press, 2018.

plus récemment, parce qu'elle a refusé de condamner le Qatar pour son soutien tacite de la Russie en Ukraine. C'est lamentable et répréhensible.

Enfin, l'absence d'histoire footballistique est quelque chose qui me dérange moins. Si tout le reste était satisfaisant, je ne crois pas que ce serait une raison d'empêcher une nation d'accueillir une Coupe du monde, parce que le football est un sport global, et qu'il est bon pour le football qu'on amène la Coupe dans différentes parties du globe.

Q2.

La FIFA et le Qatar – et la Russie avant eux – ont prouvé qu'ils étaient prêts à ignorer l'opinion et les inquiétudes des fans, des joueurs, des médias ou des activistes, et ils continueront à le faire aussi longtemps que les sponsors et les diffuseurs ne souffriront aucune conséquence sur le plan financier. L'expérience suggère qu'à peu près seulement 1 % des supporters s'intéressent à ces problèmes ; la plupart veulent juste regarder un match de football, voir leurs héros jouer au football, et prendre plaisir à la Coupe du monde.

Q3.

Je m'imagine que la leçon qu'ils ont apprise est qu'ils pouvaient faire passer à peu près n'importe quoi s'ils avaient les poches suffisamment profondes et s'ils étaient prêts à affronter les tempêtes de protestation, surtout s'il n'y a pas d'impact sur leurs sponsors et diffuseurs.

Je crois que ceux d'entre nous qui sommes attachés à l'intégrité, aux droits de l'homme et à la bonne gouvernance dans le sport devrions nous rendre compte que si nous voulons effectuer un changement authentique et systémique, nous devons le faire en travaillant ensemble, sans se laisser égarer par la désinformation et les procédés douteux de ceux dont les bilans sont en question.

Thomas Meunier

(BEL)

Défenseur international belge (56 sélections, 8 buts), troisième de la Coupe du monde de 2018, vainqueur du championnat de Belgique (2015-2016) et de la Coupe de Belgique (2014-2015) avec Club Brugge, triple vainqueur du Championnat de France et de la Coupe de la Ligue, double vainqueur de la Coupe de France avec le Paris Saint-Germain (2016-2020), vainqueur de la Coupe d'Allemagne avec le Borussia Dortmund (2020-2021).

Q1.

Tout est justifiable. Ça dépend comment on voit les choses. Moi je les vois en tant que fan de football, en tant que joueur, en tant que passionné. Le football a toujours été une ouverture sur le monde. Une Coupe du monde a souvent permis d'apporter quelque chose que tu n'as pas chez toi.

Le Qatar, c'est évidemment un peu plus compliqué. C'est un petit pays ; mais si on ne prend en compte que l'aspect du foot et du jeu, ça peut être une très bonne chose. Une formidable publicité. Moi j'ai joué au PSG[24], donc j'ai vu ce qu'ils savent faire au niveau infrastructure. C'est exceptionnel. On ne pourra jamais dire qu'ils ont commencé à évoluer depuis l'attribution de cette Coupe du monde. Ça fait longtemps qu'ils sont en marche. Ils ont les moyens et investissent sans compter. Pour eux, c'est le moyen de développer des structures touristiques avec des hôtels, des routes. Le réseau de métro, les stades sont exceptionnels. Tout

---

24 Nda: propriété du fonds souverain du Qatar depuis 2011.

est propre, somptueux. Ils ont les budgets et s'en servent. Avoir de l'argent est une chose, bien s'en servir en est une autre. Ils le font très bien. Grâce au football, ils font en sorte que le pays se développe et ils veulent le montrer au monde entier. Le football est un sport populaire et donc ça ne me dérange absolument pas que la compétition se joue là-bas. Je sais que ce sera parfait.

Maintenant, on parle beaucoup de tout ce qui se passe, mais c'est trop tard. On parle des morts sur les chantiers, c'est évidemment un drame. On parle des pots-de-vin, des achats de votes. Fallait y penser avant. Tout cela vient après l'attribution, alors que tout est déjà très avancé : je suis allé là-bas il y a quatre ans avec le PSG et la moitié des stades étaient déjà sortis de terre. La FIFA a tout accepté. Le Qatar ne va pas faire marche arrière. Je trouve un peu hypocrite que l'on dénonce tout cela maintenant. Tout le monde sait comment les choses se passent là-bas et pourtant, durant les qualifications, on nous faisait monter sur le terrain avec des t-shirts Human Rights Qatar. Dès le coup d'envoi, 90 % des gens avaient oublié ce qui était écrit sur le t-shirt. Je trouve qu'il y avait moyen de mieux faire pour sensibiliser. Et puis si on veut être cohérent, on arrête tout. Plus de business, plus de commerce avec eux. On ne met plus jamais de sa vie un pied au Qatar. Si tu jettes la pierre au Qatar, tu peux la jeter à beaucoup de monde. Quand tu vois le nombre de guerres déclarées à travers le monde sous de faux prétextes. Le pillage des ressources africaines par des pays européens, ça a existé aussi, non ? Et maintenant, on se permet de donner des leçons. Platini a même avoué récemment que le tirage de la Coupe du monde 1998 était truqué[25]. Fallait encore gagner les matchs, mais quand même. Beaucoup de dirigeants du foot sont cités dans des

---

25 Nda : le comité d'organisation de la Coupe du monde de 1998, dont Michel Platini faisait partie, avait fait en sorte que la France, pays organisateur, ne puisse rencontrer le Brésil, tenant du titre, avant la finale, une « petite magouille » que confessa Platini au micro de la radio France Bleu en mai 2018.

affaires louches. Mais comme toujours, les choses sortent quand c'est trop tard.

Ce projet a permis de se rendre compte comment les choses fonctionnent dans cette partie du monde. Ailleurs, c'est mieux ? À New York, on construit jour après jour des buildings. Tous ont le souci du réchauffement climatique ? En Chine aussi, il y a des gens qui meurent sur des chantiers pharaoniques. Des villages de pêcheurs sont devenus des villes de 20 millions d'habitants. Avec des drames que l'on ne peut évidemment pas cautionner. Tous ces pauvres gens qui vont travailler sur ces chantiers pour faire vivre leur famille restée au pays, on en trouve partout.

Q2.

Faut y aller. Tout ce qui m'intéresse, c'est le ballon, le stade et les supporters. On peut dire que le Qatar, ce n'est pas un pays du foot. Moi ça ne me gêne pas. Pourquoi le Koweït, l'Ouzbékistan ou la Thaïlande ne pourraient pas, eux aussi, avoir leur Coupe du monde ? Tout le monde a le droit d'avoir son avis sur la question. OK, les stades climatisés, c'est bizarre, mais on construit des stades dans le monde entier depuis des décennies. Tous ont toujours respecté les normes. Partout c'est la même finalité. La grande différence c'est qu'au Qatar, ils n'ont pas besoin d'emprunts et de machine financière. Eux, ils ont du cash. Ils veulent évoluer le plus vite possible. Ça dérange beaucoup de monde. Les journalistes doivent en parler. Ceux qui s'intéressent au climat, à la politique, à la santé humaine, aux droits humains doivent y aller, faire leur enquête et la diffuser. Ceux qui veulent parler foot doivent le faire. Toutes les choses doivent être dites. Sans oublier de mentionner que des choses bizarres, il s'en passe dans tous les pays du monde.

Q3.

Ça va être difficile. Si on prend notre prisme européen, pratiquement tous les clubs sont déjà gorgés de capitaux venus d'ailleurs. Des capitaux qui indirectement garnissent les comptes en banque de l'UEFA et de la FIFA. Le développement du foot a besoin de moyens. Qu'ils viennent des États-Unis comme à Manchester United, des Émirats comme à Manchester City, d'Arabie Saoudite comme à Newcastle, du Qatar comme au PSG ou encore comme Abramovitch l'a fait à Chelsea. Les grands clubs acceptent cet argent pour continuer à évoluer, donc ça va être compliqué de faire changer les choses. Même en Belgique, combien de clubs appartiennent-ils encore à des capitaux belges ? Loin de moi l'idée de vouloir donner des leçons, mais évoluant dans le foot depuis de longues années, je pense pouvoir évaluer de façon pertinente ce qui se passe autour de moi.

Denis Müller

(CH)

Théologien, philosophe et éthicien, auteur de l'ouvrage *Le football, ses dieux et ses démons. Menaces et atouts d'un jeu déréglé.*

Q1.

Premièrement, l'attribution au Qatar reste entachée de doutes profonds quant à la régularité de la procédure et du vote. C'est l'aspect processuel du malaise. Le rôle de Sepp Blatter et de Michel Platini demeure objet de débat, moral et juridique ; mais c'est la FIFA dans son ensemble qui est gangrénée par l'argent[26]. Gianni Infantino semble ne faire qu'aggraver la situation ; en tout cas, il ne lutte pas de manière efficace contre la corruption de son institution. C'est le moins qu'on puisse dire.

Deuxièmement, on retrouve avec le dossier du Qatar les mêmes problèmes qu'avec les Mondiaux précédents (dépenses pharaoniques, usage contestable des stades après la compétition). De plus, le Qatar n'est pas un pays de football et le déplacement des dates en novembre a des conséquences dommageables sur le calendrier normal des nations et sans doute aussi sur la santé psychique et physique des joueurs. C'est l'aspect sportif du malaise.

Troisièmement, le Qatar n'est pas un État exemplaire du point de vue démocratique : c'est une monarchie autoritaire et

---

26 Voir le dossier classique d'Andrew Jennings, *Carton rouge ! Les dossiers troublants de la FIFA*, trad. fr., Paris, Presses de la Cité, 2006 ; et, en raccourci, mon article « La FIFA folle de fric » (*Arcinfo*, Neuchâtel, septembre 2021).

héréditaire. L'émir est à la fois chef de l'État et chef du gouvernement, les partis politiques sont interdits, la liberté d'expression n'existe pas, la liberté de la presse n'est pas garantie (la chaîne Al Jazeera occupe ici une position ambivalente). C'est l'aspect politique du malaise.

Pour finir, les droits de l'homme (droits politiques et droits civiques) sont faiblement reconnus au Qatar ; la maltraitance des ouvriers actifs dans la préparation du Mondial (près de 6500 morts sur le chantier) ne fait que confirmer *a posteriori* cette gravissime faiblesse du dossier. C'est l'aspect éthique du malaise.

Q2.

Il semble bien que la FIFA, au moment de l'attribution du Mondial au Qatar, ait complètement sous-estimé ces problèmes connus ou à venir. Le comportement actuel de l'institution n'arrange en rien la situation, comme on a pu le ressentir lors du tirage au sort des groupes le 1er avril 2022, où la cérémonie fastueuse et clinquante a complètement occulté la gravité des problèmes. Les dés sont pourtant jetés en ce qui concerne la participation des nations sportives à la Coupe du monde 2022 : elle aura bel et bien lieu, à moins que des joueurs ou des équipes se lèvent et adoptent l'attitude exceptionnelle de Johan Cruyff boycottant[27] le Mondial 1978[28] afin de ne pas cautionner la dictature de Videla.

Il en va différemment si la question concerne la participation des spectateurs. Il est hors de question pour moi d'aller au Qatar : non seulement j'ai pris de l'âge depuis 2010 (date de ma

27 Sur le thème du boycott, mais à propos du CIO, voir mon article « Boycotter Pékin. Une fausse bonne idée », *Choisir* 583-584, juillet-août 2008, p. 22-25. J'y donnais une conception modérée à propos de la légitimité et de l'utilité d'un boycott. Comme on le verra dans ma réponse aux questions posées, ma position a évolué depuis 2008, dans le sens d'une (encore) plus grande critique envers la FIFA.

28 Voir Denis Müller, *Le football, ses dieux et ses démons*, Genève, Labor et Fides, 2008 (*Le champ éthique*, 49), p. 153.

dernière participation à un Mondial, en Afrique du Sud), mais, comme on l'a vu dans ma réponse à la première question, j'estime tout à fait problématique la situation du Qatar, pour les raisons indiquées. Cela dit, je regarderai les matchs à la télévision (malgré les conditions financières largement inacceptables imposées aux médias, cela vaut pour la FIFA en général). L'intérêt pour le sport ne saurait effacer en aucune manière la conscience éthique et politique des problèmes.

Cela veut dire, si j'essaie d'être cohérent et d'assumer mes propres contradictions de citoyen-téléspectateur, que le boycott ne constitue pas l'unique moyen de faire valoir les côtés inacceptables du dossier qatari. Des exemples historiques le prouvent : l'attitude exemplaire de Jesse Owens face à Hitler aux JO de 1936, le comportement courageux des spectateurs argentins du Mondial 1978 (« elle va tomber, la dictature militaire », refrain chanté dans les tribunes des différents stades pendant la compétition)[29], l'activité critique de la presse internationale, y compris en Afrique du Sud lors du Mondial 2010 (la fin de l'apartheid n'ayant pas réglé tous les problèmes), au Brésil en 2014 et dans la Russie de Poutine en 2018 (soit quatre ans après la récupération violente de la Crimée). Cette fois encore, on peut et on doit focaliser notre regard sur les aspects négatifs du dossier qatari. La FIFA ne peut pas se recroqueviller lâchement sur le seul jeu de balle, au détriment des aspects humains et politiques du dossier qatari. Il faut en parler, à l'interne comme à l'externe. Afin de juguler la corruption et les injustices sociales et politiques auxquelles le football est structurellement associé.

Q3.

En un certain sens, rien n'a changé sous le soleil. Les problèmes du Mondial qatari sont sur le fond les mêmes, toute

29 Voir Denis Müller, *Ibid.*, chapitre 8.

proportion gardée, que ceux des JO de 1936 ou du Mondial de 1978. Simplement, la démesure (*hybris*) déjà constatée dans les éditions précédentes n'a fait qu'augmenter. Même les amoureux du football, dont je suis, et du sport en général doivent admettre qu'un jour ou l'autre, l'hypertrophie démentielle de la FIFA et du CIO finira par faire exploser la marmite. Il nous faudra alors accepter, non pas un boycott partiel, mais bel et bien la renonciation totale à une prochaine édition jugée disproportionnée par rapport aux enjeux sportifs concernés. La controverse autour du Qatar aura peut-être été l'ultime déclencheur d'une crise totale et potentiellement irréversible. À moins que surgisse, au sein de la FIFA comme au sein du CIO, la conscience majoritaire d'une réforme radicale, dans le sens d'une sagesse et d'une sobriété bien éloignées de l'état actuel du monde sportif professionnel.

Sunday Oliseh

(NIG)

Ancien milieu de terrain international (54 sélections en équipe du Nigéria, Coupes du monde de 1994 et 1998), joueur du RFC Liège, Reggiana, Cologne, Ajax, Juventus, Borussia Dortmund, Bochum et Genk. Champion des Pays-Bas (1998) et double vainqueur de la Coupe des Pays-Bas (1998, 1999) avec l'Ajax, champion d'Allemagne avec Dortmund (2002), champion d'Afrique (1994) et champion olympique (1996) avec le Nigéria.

Q1.

Comme vous le dites vous-même, il s'agit d'une Coupe du monde, qui implique des représentants du monde entier. Ce n'est pas une compétition continentale. Il est donc non seulement normal, mais nécessaire, que la Coupe du monde se déroule alternativement sur tous les continents du monde. Le Qatar, le monde arabe, l'Afrique et tous les autres continents méritent d'accueillir cet événement à un moment ou un autre.

Q2.

Ceux qui s'opposent à la compétition pourraient invoquer des conditions météorologiques extrêmes comme raison d'exclusion. Personnellement, je suis pour cette Coupe du monde au Qatar. Pour y découvrir la culture, le pays, la population et, bien sûr, le plus important, y voir évoluer les meilleures nations du monde footballistique. Indépendamment de toutes décisions, il y aura toujours des avantages et des inconvénients. C'est dans la nature humaine.

Q3.

La polémique incessante autour du Qatar me met mal à l'aise. La scène est prête, arrêtons de parler, et place au football, au meilleur sport du monde.

Passage du Mondial à l'automne et l'hiver

L'avis d'un spécialiste de la préparation physique des footballeurs

Mario Innaurato

(BEL)

Préparateur physique d'Anderlecht, de la Fiorentina, de l'AC Milan, Séville, de l'équipe nationale de Côte d'Ivoire et de la sélection belge à la Coupe du monde de 2014 et à l'Euro 2016.

Surpris par l'attribution de la Coupe du monde au Qatar ?

En 2009, je travaille aux Émirats. Donc, je connais bien le Qatar. Quand j'apprends qu'ils obtiennent l'organisation de la Coupe du monde, je n'en crois pas mes oreilles. C'est tout simplement impossible d'y jouer au football en été. Quand je quitte les Émirats en juin, il fait 53°C. Si moi je le constate, je pense que d'autres le savaient aussi. En juin-juillet, c'est impossible de jouer avec de telles températures. La déshydratation arrive très rapidement. Cela diminue la performance et augmente les risques de blessure musculaire. Le processus physiologique est bien connu. Il faut savoir que 60 % de la masse corporelle d'un être humain est composée d'eau[30]. En résumé, une perte de 1 % de votre poids corporel induit une perte de 10 % de vos capacités métaboliques. Ce qui induit moins de puissance, moins de réflexion et moins de lucidité.

---

30 Nda : les muscles c'est 75 %, le cerveau 70 %.

Tous les pays seront-ils impactés de la même façon ?

Surtout les Européens et certains pays sud-américains, c'est-à-dire les favoris à la victoire finale. 80 à 90 % des joueurs qui composent ces sélections jouent en Europe dans les cinq grands championnats (France, Italie, Espagne, Angleterre, Allemagne). En novembre, les températures passent de 5°C en Angleterre à 20°C dans le sud de l'Espagne. Et d'une semaine à l'autre, direction le Qatar et ses températures affolantes. Il y aura pour certains jusqu'à 30°C de différence. Aussi, il ne faut surtout pas oublier le degré d'humidité. Cela impacte terriblement les organismes. On avait d'ailleurs déjà pu s'en rendre compte lors du Mondial au Brésil. Dans certaines régions du pays, jouer au foot était une torture. On ajoutera aussi le décalage horaire. En hiver, c'est environ trois heures. Pas énorme, mais une adaptation est inévitable.

Autre grande nouveauté, cette Coupe du monde se joue pendant la saison. Ça risque de faire des dégâts ?

C'est fort probable. D'habitude, c'est un tournoi post-saison. Ici, on sera en plein dedans. L'Italie arrête son championnat le 13 novembre. La Coupe du monde commence le... 20. Pourquoi croyez-vous que tous les entraîneurs espéraient entrer le plus tard possible dans la compétition ? Certaines équipes n'auront même pas le temps de faire un match amical. De plus, novembre est un mois charnière. Il y a la Ligue des champions, l'Angleterre prépare déjà son mois de décembre dantesque. Pourtant, la FIFA et l'UEFA n'ont pas allégé leur calendrier. Donc je pense que pas mal d'équipes nationales vont se servir des matchs de qualification au prochain Euro, en septembre, pour préparer leur Coupe du monde. Avec bon nombre de joueurs qui devront encore gagner leur place pour la Coupe du monde. Certains vont largement aller dans le « rouge ». Les statistiques sont claires, les mois d'octobre et novembre sont ceux où l'on recense le plus de blessures. Tout s'additionne : Championnat-Coupes d'Europe-Équipe nationale. Et donc on va ajouter une Coupe du monde à ce calendrier surchargé. Avec des joueurs qui n'auront pas pu récupérer. Ça va poser problème pendant, mais aussi après la compétition.

Que devront faire les préparateurs physiques des sélections ?

La relation avec leurs homologues des clubs sera encore plus importante. Ils n'auront pas le temps de faire des tests. Ils doivent demander et recevoir toutes les données chiffrées de l'état de forme des joueurs. Recevoir le maximum d'informations. Plus que jamais, les sélectionneurs vont tenir compte de l'état de forme du moment. Impossible d'avoir un mois pour préparer la Coupe du monde. Laps de temps suffisant pour « retaper » un joueur. Aussi bien physiquement que psychologiquement. Ou encore tactiquement. N'oubliez pas que certains joueurs jouent à une certaine place en club et une autre en sélection. Les efforts d'un défenseur axial dans une défense à quatre en club ne sont pas les mêmes s'il joue sur le flanc dans une défense à trois avec son équipe nationale. Ce ne sont pas les mêmes répétitions, les mêmes intensités de course. Pas facile pour un organisme de passer de matchs à 8 kilomètres de course et 10 sprints de 30 mètres à 12 kilomètres et 25 sprints de 60 mètres à haute intensité. Les joueurs qui jouent de la même façon en club qu'en équipe nationale seront favorisés.

Il pourrait y avoir des arrangements entre clubs et fédérations ?

Il est utopique de croire qu'un club laissera se reposer ses meilleurs joueurs au moment de la Ligue des Champions. Les clubs servent leurs intérêts. Pas ceux des équipes nationales. Ce sont les clubs qui payent des sommes de transferts souvent énormes et les salaires des joueurs.

Gros paradoxe, jouer peu dans son club pourrait être un avantage ?

Tout à fait. La fraîcheur va être un facteur très important. D'ailleurs, on peut se poser la question de savoir si certains joueurs ne vont pas un peu « lever le pied » en octobre et début novembre. Consciemment ou pas. La peur de la blessure va trotter dans les têtes. Il ne faut pas oublier qu'une Coupe du monde, c'est tous les quatre ans. C'est un apogée pour un footballeur.

Autre paradoxe, la jeunesse, malgré son manque d'expérience, pourrait être un avantage ?

Tout à fait. Qui dit jeunesse dit récupération plus rapide. Que ce soit au départ de la Coupe du monde, mais aussi sur la durée avec l'enchaînement des matchs. Cela dit, la FIFA, bien consciente de tous ces problèmes, a augmenté le nombre de joueurs par sélection. On passe à 26. Donc 15 remplaçants potentiels. Donc un plus grand choix pour les entraîneurs, surtout que tous ces remplaçants pourront être sur le banc lors des matchs. Voilà qui risque encore de favoriser les grandes nations du foot. De même pour les cinq changements autorisés.

La préparation invisible, ça existe encore ?

Plus que jamais, elle sera primordiale. Les plus grands joueurs se prennent en charge au quotidien. Toute l'année. Ils ont les moyens d'avoir un staff personnel qui va du préparateur au cuisinier, lui-même conseillé par un nutritionniste. La différence se fera peut-être là. C'est souvent le travail de l'ombre qui permet de se mettre en lumière.

Abdeslam Ouaddou

(MAR)

Entraîneur de l'ESAE FC (1ère division béninoise), défenseur (Nancy, Fulham, Rennes, Olympiakos, Valenciennes, Lekhwiya SC, Qatar SC), international marocain (59 sélections de 2000 à 2010).

Q1.

Oui, cela peut se justifier, parce que le football est le sport le plus populaire du monde et est accessible à tous, sans exception. Il est un rassembleur de foules. Il est un refuge pour des millions de gens sur notre planète. De plus, un pays arabe dont la majorité de la population est de confession musulmane n'avait jamais organisé de Mondial jusqu'à présent ; or, le football est universel, et les gens du Moyen-Orient avaient donc le droit d'accueillir l'un des plus beaux événements planétaires dans leur région. Cette Coupe du monde sera un trait d'union entre l'Occident, l'Orient et l'Afrique.

Q2.

On se rendrait au Mondial pour découvrir un monde oriental qui n'est pas seulement celui des contes des mille et une nuits, mais aussi celui d'extraordinaires avancées technologiques et infrastructurelles qui sont intervenues en l'espace de quelques décennies dans ce qui était autrefois le désert. On s'y rendra surtout pour admirer les stars internationales du football.

Mais on ne s'y rendra pas, car, malgré de timides réformes, les minorités y sont traitées comme des esclaves, voire comme des sous-hommes. Les considérations humaines y sont inexistantes. Une version moderne de la traite humaine y est bel et bien pratiquée, et les droits de l'homme y sont à géométrie variable, selon que vous soyez « local » ou pas.

Certains ne s'y rendront pas en raison de l'impact environnemental négatif de stades climatisés de 60 000 places. Et d'autres ne s'y rendront pas pour voir des footballeurs courir sur un cimetière dans lequel sont enterrés des milliers de travailleurs migrants asiatiques qui ont perdu la vie sur les chantiers du Qatar, pour ne pas cautionner cela.

Q3.

Le football a pris une telle dimension dans le monde que les institutions qui le gèrent à l'échelle internationale ont une responsabilité accrue dans l'attribution de cette fameuse Coupe du monde – ou des Jeux olympiques, d'ailleurs. Des critères bien précis sur le respect des droits humains et autres doivent nécessairement être pris en compte.

Sarah Schlitz

(BEL)

Secrétaire d'État à l'Égalité des genres, à l'Égalité des chances et à la Diversité.

Q1.

En attribuant la Coupe du monde au Qatar, la FIFA, qui se présente volontiers comme de plus en plus ouverte et inclusive, nous a tous mis dans une situation très compliquée. Bien que je salue le fait que pour la première fois, un pays du monde arabe accueille la Coupe du monde, je regrette que cette attribution, décidée en 2010, n'ait pas fait l'objet de contreparties. Tout le monde sait que d'immenses problèmes de droits humains se posent au Qatar, aussi bien vis-à-vis des droits des travailleuses et travailleurs que des droits des femmes ou des personnes LGBTQI+. Pour moi, défendre les droits humains, ce n'est pas à la carte. 90 % des travailleuses et travailleurs au Qatar sont des immigrés, majoritairement originaires du sous-continent indien. Ils vivent dans une situation d'exploitation qui s'apparente à de l'esclavage moderne sans normes de sécurité et dans des logements insalubres. Depuis la construction des infrastructures sportives de la Coupe du monde, on dénombre au moins 6500 morts sur les chantiers.

Malgré des progrès récents, et le plus haut taux de femmes que d'hommes diplômés par exemple, la situation des droits des femmes reste très compliquée. L'ONG Human Rights Watch parle même de femmes faisant face à une discrimination profonde dans presque tous les aspects de leur vie. Les Qataries doivent notamment obtenir l'accord d'un tuteur pour voyager et étudier à l'étranger, avoir accès à la contraception et se marier. La tutelle masculine limite la possibilité des Qataries à vivre de manière libre et indépendante et alimente la discrimination et les violences domestiques.

Les rapports sexuels homosexuels sont punis jusqu'à sept ans de prison pour les non-musulmans. C'est la peine à laquelle s'exposent des supporters belges athées, tandis que la peine de mort est toujours requise pour les personnes homosexuelles de confession musulmane. Au niveau des droits LGBTQI+, la FIFA n'a donc rien obtenu en échange, alors qu'elle affirmait récemment que chaque événement qu'elle organise devait être « inclusif », que les gens doivent être libres d'arborer tous les types de drapeaux qu'ils veulent, sans être ciblés ou discriminés, y compris le drapeau arc-en-ciel. Le Qatar, au contraire, a demandé aux homosexuels de faire preuve de « discrétion ». Le responsable de la sécurité de la Coupe du monde 2022, Abdullah Al Ansari, nous explique que les homosexuels doivent se plier aux lois et coutumes du pays, qu'il sera interdit pour tout homosexuel de brandir un drapeau LGBTQI+, de faire une accolade en public à un autre homme, certains hôtels habilités à recevoir du public pour la Coupe du monde ont d'ores et déjà affirmé qu'ils refuseraient de recevoir des couples homosexuels... La situation est donc dramatique. Les insultes homophobes ou racistes sont encore légion, sur le terrain comme depuis les tribunes, dans les matchs pro et amateur. Je pense notamment au sondage, en 2020, de 1200 arbitres par la fédération belge, dont 70 % affirmaient avoir constaté régulièrement des faits de racisme sur le terrain.

En plus de cela, la dimension écologique de cette coupe est particulièrement préoccupante. Alors que nous allons encore vivre de plus en plus régulièrement des épisodes climatiques extrêmes et particulièrement meurtriers – comme on le voit en Inde avec des températures qui avoisinent les 60°C et les inondations chez nous qui ont fait 38 morts –, les stades construits spécialement pour l'occasion, qui ne serviront que pendant deux mois, sont climatisés même à l'extérieur.

D'une manière générale, je regrette que les Coupes du monde soient essentiellement une histoire de gros sous, bien éloignées de l'idée d'un moment de rencontre entre les peuples de la planète. L'esprit du sport passe finalement au second plan.

Q2.

Il faut en parler. J'y vois une opportunité : sachant qu'environ 3 milliards de téléspectateurs regarderont cet événement sportif, c'est l'occasion de mettre le focus sur les violations des droits humains au Qatar et de faire pression sur les dirigeants au niveau international. Cette stratégie avait déjà été menée lors des JO en Chine, où Amnesty International en avait profité pour dénoncer le génocide du peuple ouïghour. D'ailleurs, Amnesty International n'appelle pas au boycott de la Coupe du monde, mais plutôt à dénoncer le non-respect des droits humains.

À titre personnel, il est clair que je ne m'y rendrai pas, mais je trouve également injuste de faire reposer cette décision sur les Diables Rouges qui doivent choisir entre leur carrière et leurs valeurs. Je suis fière de notre équipe qui s'est à de nombreuses reprises illustrée par son courage en mettant le genou au sol contre le racisme ou en arborant le brassard aux couleurs de l'arc-en-ciel durant certains matchs. Je suis persuadée qu'ils ne manqueront pas de poser à nouveau des actes courageux pour défendre leurs convictions.

Q3.

On observe déjà quelques petites victoires : par exemple, la kafala, qui consiste à mettre sous tutelle les travailleurs en leur confisquant leur passeport, en leur interdisant de changer de travail ou de quitter le territoire, a été officiellement abolie en 2016 sous la pression internationale.

J'en profite pour rappeler que la Belgique doit être proactive sur les questions LGBTQI+ à tout moment et peu importe le pays, j'ai également alerté à l'époque sur la situation en Hongrie, par exemple. Je précise aussi que les droits LGBTQI+ dans le monde du football sont toujours un sujet épineux, même en Belgique ou en France. Certains joueurs ne soutiennent ouvertement pas la cause et faire son *coming out* lorsqu'on est un joueur est extrêmement compliqué. En mai dernier, par exemple, Jake Daniels a déclaré qu'il était gay, et il est ainsi le seul joueur de football professionnel masculin en activité au Royaume-Uni qui l'assume ouvertement.

Christine Schréder

(BEL)

Journaliste, productrice et présentatrice sportive pour Voo et la RTBF.

Q1.

Ce n'est pas justifiable et ne le sera jamais. D'ailleurs, il n'y a jamais eu de réponses claires aux tentatives d'explications demandées. Les réponses données étaient sans cohérence. Pourquoi donner une Coupe du monde à un pays de cette « ampleur », créé de toute pièce, complètement artificiel. Ce pays a évidemment le droit d'exister, mais quant à lui donner l'organisation de la plus grande compétition sportive du monde au même titre que les Jeux olympiques, c'est incohérent. Ce n'est pas une terre de foot. Les drames vécus sur les chantiers prouvent bien qu'il n'y avait aucune justification à leur donner cet événement.

Q2.

Y aller coûte énormément d'argent. C'est une hérésie. C'est un pays où tout est basé sur l'argent et le luxe. Ce que ne possèdent pas ou rarement les supporters et amateurs de football. Dans cette optique, le Qatar aurait pu s'adapter à la « cible ». On aurait pu acter une volonté de cohérence s'ils avaient par exemple revu le prix de leurs hôtels. Il n'en a rien été. C'est assez fascinant de constater qu'on organise un événement planétaire dans un pays dont les règles ne sont absolument pas partagées par le reste de la planète. Si ce pays voulait montrer une certaine ouverture au monde, c'est raté.

Cela dit, si on m'invitait, j'irais. Parce que je suis une passionnée de foot, et que vivre un match de Coupe du monde est une expérience que je veux vivre. Mais j'irais aussi pour voir sur place ce qui se passe. En tant que femme, je veux constater ce qu'est la vie dans ce pays. Et aussi la défier sur ces règles, car, si j'y vais, je veux y vivre comme je le fais dans mon pays, et pas selon des règles que l'on voudrait m'imposer. La transversalité doit s'appliquer. Dans nos pays, on accepte que chacun vienne avec sa culture, eux aussi doivent l'accepter.

Au niveau des équipes, évidemment que toutes vont y aller puisque la majorité des fédérations qui seront présentes ont attribué cette Coupe du monde au Qatar. C'est incompréhensible qu'il n'y ait pas eu plus de rébellion de la part des grandes nations du foot. À part certaines fédérations nordiques, personne n'a bougé. Si certains anciens vainqueurs de la compétition avaient manifesté, ça aurait pu changer beaucoup de choses. Cette Coupe du monde est celle de l'hypocrisie. À tous les étages. Les organes de presse auraient pu aussi faire preuve de solidarité. Personne n'en parle, personne n'y va, personne ne retransmet les matchs. Mais le côté mercantile a pris le dessus. En fait, personne n'a le courage de sortir du rang. C'est un cercle vicieux.

Q3.

La seule réalité de cette Coupe du monde, c'est d'en tirer les leçons. Il faut que politique et sport soient dissociés. Hélas, sur cette Terre, que ce soit dans le sport ou ailleurs, les lobbys décident de quasiment tout. Nous ne serons certainement plus de ce monde quand les leçons éventuelles se feront réalité. Une chose est certaine, personne ne sort gagnant de cette attribution. Certainement pas la FIFA ni le Qatar. L'un comme l'autre ne sont que critiqués. À juste titre. Du point de vue écologique, c'est une catastrophe. Nous sommes au XXIe siècle, bon sang ! Construire ces stades, comment oser ? Ils auraient pu s'associer avec d'autres pays de la région pour ne pas en arriver là. Comment ont-ils pu croire que toutes ces questions n'allaient pas être posées ? Que toutes ces oppositions n'allaient pas exister ? Nous, nous ne pouvons qu'espérer qu'un jour nous saurons comment une telle aberration a pu se produire.

Raí Souza Vieira de Oliveira, dit « Raí »

(BRE)

Ex-international brésilien (49 sélections, 17 buts), champion du monde avec le Brésil (1994), champion du Brésil avec Sao Paulo (1991), double vainqueur de la Copa Libertadores (1992, 1993), champion de France (1993-94) et double vainqueur de la Coupe de France et de la Coupe de la Ligue avec le Paris Saint-Germain (1995, 1998), joueur sud-américain de l'année en 1992.

Q1.

Je n'ai pas été étonné, car le but de la FIFA, c'est que le football se joue dans toutes les régions du monde, qu'il se développe sur tous les continents. C'est son but premier. On a eu des Coupes du monde en Asie et en Afrique[31]. Ce qui m'a étonné, c'est que la FIFA accepte que l'on modifie le calendrier et que les championnats à travers le monde doivent changer leurs dates d'organisation. En ce qui concerne les dysfonctionnements quant à l'attribution, ce n'est pas nouveau. Nous-mêmes au Brésil, on a connu ça avec l'organisation des Jeux olympiques et de la Coupe du monde de football.

---

31 Nda : Japon et Corée en 2002, Afrique du Sud en 2010.

Q2.

Je ne suis pas au courant de tout ce qui se passe là-bas. J'imagine que la FIFA le sait bien. Les droits de l'homme et de la femme, la fédération aurait dû y penser avant de donner la compétition au Qatar. Après, c'est trop tard. Elle doit veiller à ce que tout soit transparent. Elle doit suivre les événements qui se passent dans cette région et veiller au respect des êtres humains. Il reste un peu moins d'un an avant le début du tournoi[32], et durant ce laps de temps, tant mieux si des journalistes vont sur place et relatent ce qui s'y passe.

Q3.

Moi, je suis toujours un adepte de la transparence. Je ne travaille pas à la FIFA, donc je n'ai pas réfléchi à ce qu'il faudrait faire à l'avenir ; mais la priorité, c'est de toujours respecter les valeurs du sport, les droits humains. Il faut que la FIFA soit vigilante pour que le plus grand événement sportif du monde respecte ces critères fondamentaux.

---

32 Nda : Rai nous avait répondu au début de 2022.

Dejan Stefanović

(SER)

Ex-international yougoslave et serbe (23 sélections au total), ancien joueur de l'Étoile rouge de Belgrade, Sheffield Wednesday, Vitesse, Portsmouth, Fulham et Norwich. Membre du Conseil d'Administration de la FIFPro, le syndicat mondial des joueurs.

Q1.

Le choix du Qatar était injustifiable, et ce qu'il s'est passé est un scandale. Tout le monde semble avoir oublié quelles étaient les causes et les conséquences de ce choix, et personne ne semble savoir comment éteindre l'incendie qu'on a allumé. On n'a pas réussi à trouver un remède à ce qu'il s'est passé. On a calé la compétition au cœur de la saison, ce qu'on n'avait jamais fait auparavant. Tout le monde essaie de s'ajuster, mais l'impact se fera quand même sentir. Il s'est déjà fait sentir. On a vu ce qu'il en a été de la Nations League, une compétition officielle de l'UEFA, qui a été contrainte de faire jouer quatre matchs en l'espace de dix jours au mois de juin 2022, au bout d'une saison très difficile, épuisante. Il n'y a aucune façon de justifier ça. On s'en est plaint, surtout en Europe, et ces plaintes étaient justifiées. C'est vraiment dommage.

Q2.

Quand vous vous placez dans la perspective des joueurs, tous veulent se qualifier au moins une fois pour une Coupe du monde, tous veulent en vivre une, pour ce que ça représente dans une carrière, et dans les souvenirs. Alors, de ce point de vue, bien sûr, on veut y aller ! Mais d'un autre côté, si cela ne s'accompagne pas de choses positives pour les gens qui ont permis à cette Coupe du monde de se tenir – pour les travailleurs migrants, donc –, on aura fait ça en vain. Dire autre chose, ce serait de la myopie. Il y a un besoin réel de trouver une solution qui leur soit favorable. Il y a eu des changements au niveau de la législation du travail au Qatar et des droits de l'homme, mais il n'y a pas d'engagement formel pour que ces changements soient effectifs au-delà du tournoi. Ce qu'il faut, c'est un vrai contrat passé entre toutes les parties, dont la FIFA, qui garantisse le respect des droits des travailleurs migrants après 2022. Ces gens ont besoin de protection. Quelques propositions ont été faites, dont celle que nous, la FIFPro, avons faite avec des organisations internationales du travail et des travailleurs, avec la création d'un Centre des Travailleurs Migrants permanent, qui sera non seulement financé par le Qatar, mais aussi par des organisations internationales comme la FIFA. Ce centre aura pour mission de s'assurer que les mesures prises seront bien appliquées, que les normes seront respectées, et, si nécessaire, de s'occuper des plaintes des travailleurs. Et quand je parle de « contrat », je prends ce mot au sens propre. Il faudra le respecter. Et si l'indépendance de ce Centre n'est pas respectée, alors on pourrait envisager une exclusion du Qatar de la FIFA – une exclusion qui aurait de très graves conséquences pour tout le projet sportif du Qatar.

Q3.

La FIFA a officiellement adopté une politique des droits humains en 2017, dont le texte a été rédigé par un groupe de personnalités respectées, sur la base de la Déclaration universelle des droits de l'homme. Et, fondamentalement, je ne pense pas qu'il puisse y avoir un second Qatar. Je ne pense pas qu'il y aura une seconde Russie. Alors, c'est vrai, on parle d'instances qui, par exemple, avaient donné les Jeux olympiques de 1936 à

Berlin, et ne semblent pas en avoir retenu la leçon, même si, trois ans plus tard, la Seconde Guerre mondiale éclatait ! Cela signifie que toutes les parties doivent s'engager à fond pour empêcher que cela se reproduise, et les médias, qui ont fait du bon travail pour le Qatar, devront continuer à le faire, à examiner de près ce que font les instances, et garantir qu'à l'avenir, ces pays qui ne respectent pas les droits de l'homme se voient refuser le droit d'organiser de grandes compétitions.

Jean-Philippe Toussaint

(BEL)

Romancier, dramaturge, photographe, scénariste et cinéaste. Auteur de *La Mélancolie de Zidane* (2006) et de *Football* (2016), lauréat du Prix Médicis avec *Fuir* (2005) et du Prix Décembre avec *La Vérité sur Marie* (2009).

Q1.

J'ai connu le meilleur des Coupes du monde de football. J'étais présent au Japon en 2002 et en Allemagne en 2006, j'étais au stade de Yokohama le 30 juin 2002 et au stade olympique de Berlin le 9 juillet 2006. Se peut-il que ces deux Coupes du monde aient été les dernières d'une époque de légèreté et d'insouciance ? Se peut-il que les plus belles pages de la Coupe du monde de football soient maintenant derrière nous ? C'est possible. Mais, qu'on ne se trompe pas, les nuages noirs qu'on voit se profiler maintenant à l'horizon ne sont pas apparus avec l'attribution de la Coupe du monde au Qatar en 2022. Ils assombrissaient déjà le ciel du football il y a quatre ans en Russie. Avant de répondre à la question « Peut-on justifier qu'on ait donné la Coupe du monde au Qatar ? », est-on sûr de s'être posé avec suffisamment d'acuité la question « Peut-on justifier qu'on ait donné la Coupe du monde à la Russie ? ». Russie 2018, Qatar 2022, nous allons, je le crains, de Charybde en Scylla.

Q2.

J'ai vécu la fin d'une époque. Je le sens chaque jour avec plus d'acuité. Le football merveilleux que j'ai toujours appelé de mes vœux, le football des rêves et de l'enfance est en train de ployer sous le poids des intérêts mercantiles et de la brutalité du monde. J'ai écrit, avec *Football*, un livre d'écrivain, je n'ai abordé aucune question historique ou sociologique. Je m'en suis tenu à des questions purement littéraires, l'autobiographie, l'enfance, le temps et la mélancolie. Après Pasolini, après Georges Didi-Huberman, je me suis emparé de la métaphore des lucioles et je l'ai poursuivie en décrivant le faible et émouvant signal luminescent qu'elles envoient dans la nuit. Je me suis interrogé, sous prétexte du football, sur le sens de l'activité artistique dans le monde bouleversé dans lequel nous vivons : « Qu'est-ce que créer aujourd'hui, dans notre monde ? C'est proposer de temps à autre, dans un acte de résistance non pas modeste, mais mineur, un signal – un livre, une œuvre d'art – qui émettra une faible lueur vaine et gratuite dans la nuit. » J'ai parlé, dans ce livre, de chemin, d'attitude, de finesse, de ténuité, de douceur, de dignité, toutes ces notions, dont nous avons, aujourd'hui, plus que jamais, grand besoin.

Q3.

C'est au football de l'enfance que je continue d'aspirer. Mais il semblerait que la réalité, toujours, nous rattrape, et n'a de cesse de nous empêcher de rêver. Le « football des adultes », que je voulais ignorer, vient se rappeler en permanence à notre bon souvenir avec les scandales de la FIFA, le triomphe de l'argent, le racisme, l'homophobie, les matchs truqués, l'exploitation des travailleurs migrants et la violence dans les stades. Mais je ne céderai pas au pessimisme ambiant. Je n'irai pas au Qatar. Non. Mais je suivrai sans doute les matchs à la télévision (et j'espère pouvoir mettre ma casquette *Belgium* sur la tête le soir de la finale).

Vincent Vanasch

(BEL)

208 sélections en équipe nationale belge de hockey sur gazon. Champion d'Europe 2019, champion du Monde 2018, champion olympique 2020, élu trois fois meilleur gardien du monde.

Q1.

Cette attribution pose quand même problème. On fait une Coupe du monde dans un endroit désertique où l'on va construire huit stades. Quel intérêt ? Ça me fait penser aux JO d'hiver organisés là où il n'y a pas de neige. Dans quel délire est-on ? Surtout avec l'état du monde, avec le réchauffement climatique. Je trouve ça aberrant. Idem par rapport aux droits humains, c'est catastrophique. Je ne sais pas exactement combien de morts il y a eu sur les chantiers et je pense qu'ils ne le diront jamais. Par contre, M. Infantino a déclaré qu'ils avaient donné de la fierté et de la dignité aux travailleurs. On croit rêver. Il veut garder la tête haute, mais à quel prix ? Tous ces « non-respects » devraient normalement être pris en compte. Sur certains aspects, le foot est vraiment devenu ce que je ne souhaite pas que mon sport devienne. Le fric a vraiment pourri beaucoup de choses. Le championnat belge en est un bel exemple avec les paris truqués.

J'ai vraiment l'impression que la FIFA considère les joueurs comme des « bêtes ». On les fait jouer encore et encore parce que ce sont eux qui rapportent de l'argent. On les soumet à des saisons de dingue. Ça devient presque triste à voir. L'argent a « pourri » le sport. Le business a pris le pas sur la beauté du jeu. Nous, au hockey, on a la chance que ça ne se passe pas encore comme ça. Les gens peuvent encore s'identifier à nous. Si je vous disais mon salaire, vous rigoleriez. C'est tout simplement le salaire moyen de tout citoyen belge. Les deux mondes ne sont pas comparables.

Q2.

Y aller ou pas ? Je suis partagé parce qu'une Coupe du monde, c'est aussi fait pour rassembler les gens. Et puis il ne faut pas punir les joueurs. Moi aussi, je suis un athlète. J'ai joué deux Coupes du monde, j'en ai remporté une. Ça a été un événement majeur dans ma carrière. C'est fabuleux. Sans oublier le bien que cela fait à la population des pays qui remportent cette compétition. Dans le pays même, c'est la liesse, c'est un partage d'amour, c'est de l'espoir. C'est aussi la possibilité pour des petits pays de battre des grands. Lorsque des pays africains battent de grandes nations, ça change tout pour eux. C'est encore plus important pour eux parce que nous, nous sommes des privilégiés de la vie.

Certaines nations européennes ont mis des t-shirts pour exprimer leur opposition. Je trouve ça très bien. Imaginons que d'autres suivent l'exemple : la FIFA serait bien emmerdée. Sans les droits TV donnés pour suivre les stars mondiales, elle ne serait plus rien. Il faut en parler. Parler des abus, de cet esclavage moderne. Au plus on fermera les yeux, au plus ce genre de choses continuera. Plus on en parlera, moins le reste du monde en sera gangréné. Le sport permet aussi à des sportifs venus de pays où l'information est censurée de se rendre compte qu'il existe un autre monde. Et une fois de retour dans leur pays, ils peuvent le faire savoir.

Q3.

Que faire ? Compliqué dans un monde où l'on va dans l'espace et où, en même temps, on ne peut plus rouler en voiture dans Bruxelles. On fait des JO d'hiver dans des régions où il n'y a pas de neige. On construit des stades qui serviront trois fois. C'est terrible. L'idéal serait de se servir de ces incohérences pour que ça n'arrive plus. Le foot, surtout, doit avoir une fonction sociétale. Imaginons que Ronaldo ou Messi s'élèvent contre toutes ces pratiques, cela pourrait avoir un impact. Les choses se passent au-dessus d'eux, au niveau politique par exemple, mais si eux bougeaient, ça pourrait changer la spirale infernale. Il faudrait que les joueurs et les nations s'unissent pour faire front. Ce sont eux qui offrent le plaisir. Sans eux, pas de jeu.

Il y a aussi les anciennes stars. Zidane ou Beckham ont déjà tellement d'argent, je ne comprends pas qu'ils en veuillent encore plus en soutenant cette Coupe du monde. Peut-être une question d'ego ? Je ne sais pas. En tout cas, c'est tellement loin de ce qui importe réellement, c'est-à-dire les droits de l'homme et de la femme, ainsi que le réchauffement climatique. Il est temps de revenir à l'essentiel.